Vorwort

Es tut sich etwas in der betrieblichen Altersversorgung (bAV), vor allem für den Mittelstand: Der Entwurf für das Betriebsrentenstärkungsgesetz II macht sich auf den Weg, Gesetzeskraft zu erlangen. Der Initiative war ein langer Prozess vorausgegangen. Das Betriebsrentenstärkungsgesetz I von 2017 förderte vor allem das Sozialpartnermodell (SPM) mit der reinen Beitragszusage (rBZ) zutage, doch bis auf eine Handvoll Einzelfälle macht der bAV-Markt bislang einen Bogen um diese Vehikel. Mit dem Fachdialog „Stärkung der Betriebsrente" haben das BMAS und das BMF im Herbst 2022 Verbände und andere Stakeholder zusammengerufen, um das SPM weiterzuentwickeln und den Weg für eine höhere Marktdurchdringung der bAV zu ebnen. Ob mit der neuen Gesetzesinitiative der Durchbruch im Segment der kleinen und mittleren Unternehmen (KMU) gelingt, ist ungewiss. Vor allem das medienwirksame Nein der IG Metall zum SPM war ein Rückschlag. Sicher ist: Der Bedarf an kapitalgedeckter Vorsorge für das Alter ist bei den Beschäftigten in kleinen und mittleren Betrieben so hoch wie nie. Doch gerade Personen, die in Teilzeit arbeiten, die im Niedriglohnsektor beschäftigt sind oder am Anfang des Berufslebens stehen, fehlt oft das Geld für zusätzliche Vorsorge – erst recht in Zeiten konjunktureller Schwäche.

Auch auf den Arbeitgebern im Mittelstand lastet Druck: Die Inflation hat die Preise und Produktionskosten in die Höhe getrieben. Der Faktor Arbeitskraft wird immer teurer und zugleich knapper. Deshalb greifen mittelständische Arbeitgeber verstärkt auf Benefits wie die bAV zurück, um Beschäftigte in den Betrieben zu halten und um Nachwuchskräfte zu gewinnen. In der neuen Studie „Betriebliche Altersversorgung im Mittelstand 2024" von Generali Deutschland und F.A.Z. Business Media setzen wir uns mit der Frage auseinander, wie zufrieden Arbeitgeber mit der Bindungswirkung von Benefits und anderen HR-Instrumenten sind. Wir fragen, was Unternehmen von den neuen Optionen in der bAV-Welt, dem SPM und der rBZ, erwarten. Und wir schauen, inwiefern Zusatzkomponenten wie eine Hinterbliebenenversorgung bAV-Produkte attraktiver machen.

Die Studie „Betriebliche Altersversorgung im Mittelstand 2024" dokumentiert die Ergebnisse der Expertenbefragung, die die Marktforschungsgesellschaft forsa vom 27. Mai bis 12. Juni 2024 durchgeführt hat. Befragt wurden insgesamt 200 Personalverantwortliche mit der Zuständigkeit für die betriebliche Altersversorgung aus deutschen mittelständischen Unternehmen mit 50 bis 500 Mitarbeitern. Die Interviewpartner gaben in den Interviews Auskunft darüber, welche aktuellen Trends sie in der bAV, im Markt und bei ihren Belegschaften sehen. Auch berichten sie über die Nachfrage ihrer Beschäftigten nach bAV-Angeboten. forsa führte die Erhebung in Form computergestützter Telefoninterviews anhand eines strukturierten Fragebogens nach der Methode des Computer Aided Telephone Interviewing (CATI) durch. Die Ermittlung der Befragten erfolgte im Rahmen einer systematischen Zufallsauswahl.

Generali Deutschland AG
F.A.Z. BUSINESS MEDIA GmbH

ERGEBNISSE:

Mit bAV gegen den Fachkräftemangel und Vorsorgelücken

Angesichts des Personalmangels intensivieren die Arbeitgeber im Mittelstand die Bemühungen um Fachkräfte. Der Einsatz von bAV-Modellen mit Arbeitgeberbeitrag und Zusatzleistungen wie einer Hinterbliebenenversorgung zählt zu den wichtigsten und erfolgreichsten Mitteln. Die Mehrheit der Betriebe äußert sich skeptisch über das Sozialpartnermodell, BZML und BOLZ erfahren hingegen mehr Zustimmung. Bei bAV-Lösungen für Beschäftigte mit besonders großem Vorsorgebedarf hat der Mittelstand Nachholbedarf. Die bAV-Marktdurchdringung kommt im Mittelstand kaum voran. Acht von zehn Betrieben kooperieren mit Versicherungen.

Betriebsrenten wirken nachhaltig als HR-Instrument für die Gewinnung und die Bindung von Talenten und Fachkräften

Die verschiedenen Modelle der betrieblichen Altersversorgung entfalten im Mittelstand ihre positive Wirkung – einerseits für die Beschäftigten als Instrument für die zusätzliche kapitalgedeckte Altersvorsorge, andererseits für die Arbeitgeber als wirkungsvolles HR-Instrument, das ihnen dabei hilft, junge Talente zu gewinnen und Beschäftigte im Bestand langfristig im Unternehmen zu halten. Jeder zweite befragte Entscheider im Mittelstand vertritt die Ansicht, dass sich mit einem guten bAV-Angebot inklusive einer Hinterbliebenenversorgung mehr Nachwuchskräfte überzeugen und Fachkräfte an das Unternehmen binden lassen.

Betriebsrenten gehören neben regelmäßiger Weiterbildung zu den HR-Tools, die der Mittelstand am häufigsten einsetzt. Immerhin acht von zehn Arbeitgebern sind mit der Bindungswirkung der betrieblichen Altersversorgung sehr zufrieden bzw. zufrieden. Noch attraktiver wirkt ein Betriebsrentenangebot, wenn der Arbeitgeber es um Zusatzkomponenten wie eine Hinterbliebenenabsicherung oder eine Berufsunfähigkeits- bzw. Invaliditätsabsicherung ergänzt.

Der Mittelstand steht dem Sozialpartnermodell und der reinen Beitragszusage mehrheitlich skeptisch gegenüber und tendiert stärker zu BZML und BOLZ

Der Mittelstand steht dem Sozialpartnermodell (SPM) und der reinen Beitragszusage (rBZ) in seiner Mehrheit skeptisch gegenüber. Mit Blick auf die aktuelle Gesetzesinitiative der Bundesregierung zum Betriebsrentenstärkungsgesetz II stimmen nur 38 Prozent der bAV-Entscheider der These zu, eine regulatorische Öffnung des Sozialpartnermodells würde die Nachfrage nach der reinen Beitragszusage in mittelständischen Unternehmen deutlich steigen lassen. Somit überzeugen das SPM und die rBZ die bAV-Experten im Mittelstand nicht.

Dagegen befürwortet eine Mehrheit der Befragten Garantieleistungen für bAV-Modelle, mit denen vor allem Beschäftigte mit einem besonders großen Vorsorgebedarf – zum Beispiel Geringverdiener, Teilzeitkräfte oder Berufseinsteiger – gefördert werden sollen. Auch stimmt fast jeder zweite Befragte der These zu, die Anhebung des Höchstrechnungszinses in der Lebensversicherung auf 1 Prozent ab 2025 werde die Beitragszusage mit Mindestleistung (BZML) und die beitragsorientierte Leistungszusage (BOLZ) für Beschäftigte attraktiver machen als die rBZ.

Personen mit einem sehr großen Vorsorgebedarf benötigen passende Betriebsrentenangebote – hier hinkt der Mittelstand noch hinterher

Der Mittelstand hat erheblichen Nachholbedarf bei bAV-Modellen, die auf Personen zugeschnitten sind, die einen besonders hohen Altersvorsorgebedarf haben. Dazu zählen unter anderem Teilzeitbeschäftigte, Berufseinsteiger und Geringverdiener. Ein Teil der Betriebe hat mit ihren HR-Maßnahmen auch diesen Personenkreis explizit im Blick. So gibt jeder vierte befragte bAV-Experte an, dass sein Unternehmen ein entsprechendes bAV-Angebot als HR-Bindungsinstrument bereitstellt. Immerhin 72 Prozent von diesen Befragten zeigt sich mit der Wirkung des bAV-Angebots sehr zufrieden bzw. zufrieden. Auf die Frage, über welche Maßnahmen sich Personen mit einem besonders großen Bedarf an Altersvorsorge fördern lassen, nennen die Experten zuerst eine höhere steuerliche Förderung der Vorsorgeaktivitäten sowie höhere Arbeitgeberzuschüsse in der Entgeltumwandlung. Bemerkenswert ist dabei das Votum von fast zwei Dritteln der Befragten für mehr Garantieleistungen in bAV-Plänen.

Mittelständische Betriebe nutzen durchschnittlich mehr als sechs HR-Instrumente, um die Mitarbeiterbindung zu stärken

Mittlere (6,9) und größere Betriebe (6,7) nutzen im Durchschnitt die meisten HR-Instrumente zur Mitarbeiterbindung. Doch auch kleinere Betriebe sind mit sechs genutzten HR-Instrumenten im Durchschnitt aktiv. Dabei setzen die Betriebe je nach Größe individuelle Schwerpunkte. So locken 79 Prozent der größeren Firmen mit Homeoffice, aber nur 56 Prozent der kleinere Betriebe. 54 Prozent der größeren Betriebe bieten flexible Modelle für den Übergang in den Ruhestand an, jedoch lediglich 37 Prozent der kleineren Betriebe. Dafür liegen kleinere Betriebe mit mittleren und größeren Unternehmen bei höheren Vergütungen mit jeweils rund 70 Prozent gleich auf.

Insgesamt setzen Industrieunternehmen mit 6,5 im Durchschnitt tendenziell mehr HR-Instrumente ein als Dienstleistungsbetriebe (6,4), um Beschäftigte zu halten. Beispielsweise ist die Industrie eher bereit als Dienstleistungsbetriebe, höhere Vergütungen zu zahlen.

Die Marktdurchdringung der betrieblichen Altersversorgung im Mittelstand kommt aktuell nur langsam voran

Die Marktdurchdringung der bAV im Mittelstand kommt in diesem Jahr erneut kaum voran, sondern tritt auf der Stelle. Während der Anteil des Topmanagements, das mindestens ein bAV-Angebot nutzt, laut den Schätzungen der befragten Experten binnen Jahresfrist von 56 auf 53 Prozent zurückging, bewegt sich der entsprechende Anteil des mittleren Managements aktuell auf einem stabilisierten Niveau von 45,1 Prozent nach 44,7 Prozent im Vorjahr. Der Anteil der übrigen Mitarbeiter, die mindestens ein bAV-Angebot nutzen, beläuft sich auf 42,4 Prozent. Im vergangenen Jahr war er mit 39,8 Prozent tendenziell geringer. Für das Topmanagement sind die ermittelten 53 Prozent einer der niedrigsten Werte überhaupt in dieser Studienreihe. Größere Betriebe weisen tendenziell eine höhere Marktdurchdringung auf als kleinere – sowohl im mittleren Management als auch auf der Ebene der Mitarbeiter.

Acht von zehn Betrieben kooperieren bei der betrieblichen Altersversorgung mit der Versicherungswirtschaft

82 Prozent der Betriebe kooperieren in der bAV mit Versicherungsunternehmen. Genau halb so viele Betriebe arbeiten mit Versicherungsmaklern zusammen. An dritter Stelle folgen Pensionskassen als Kooperationspartner mit stärkeren 37 Prozent. Nachdem Pensionskassen in früheren Befragungen von Jahr zu Jahr weniger genannt wurden, weisen diese bAV-Einrichtungen aktuell erstmals wieder höhere Werte auf. Bei der Wahl ihrer bAV-Anbieter bzw. -Dienstleister sind für die meisten Unternehmen eine langjährige traditionelle Kooperation, überzeugende Produkte und Services die ausschlaggebenden Kriterien. Auf die Frage nach relevanten Produkteigenschaften für die Auswahl antworten jeweils über 90 Prozent der bAV-Entscheider, eine einfache Verwaltung, hohe Renditen und eine hohe Sicherheit der Kapitalanlage seien ihnen sehr wichtig bzw. wichtig.

BEFRAGUNG IM PROFIL:

Design und Methodik der Studie

- **Stichprobengröße, Untersuchungszeitraum:** Die Marktforschungsgesellschaft forsa befragte vom 27. Mai bis 12. Juni 2024 insgesamt 200 Personalverantwortliche mit bAV-Zuständigkeit in deutschen Unternehmen mit 50 bis 500 Mitarbeitern.
- **Auswahlverfahren:** Die Befragten wurden über eine systematische Zufallsauswahl auf der Basis der Hoppenstedt-Firmenkundendatenbank und einer Screening-Frage zum Verantwortungsbereich ermittelt.
- **Erhebungsmethode:** Die Befragung erfolgte in Form computergestützter Telefoninterviews anhand eines strukturierten Fragebogens nach der CATI-Methode. Die Erhebung führte forsa im Rahmen einer Exklusivstudie durch.
- **Statistische Fehlertoleranz:** In der Gesamtstichprobe beträgt sie +/–7 Prozentpunkte.
- **Zusammensetzung der Stichprobe:** Die Befragungsergebnisse lassen sich nach der Anzahl der Mitarbeiter in kleinere (50 bis unter 100 Mitarbeiter; 41 Prozent), mittlere (100 bis unter 250 Mitarbeiter; 32 Prozent) und größere Betriebe (250 bis 500 Mitarbeiter; 28 Prozent) differenzieren.

Unternehmen nach Branche
(Branchenzugehörigkeit der befragten Unternehmen, in %)

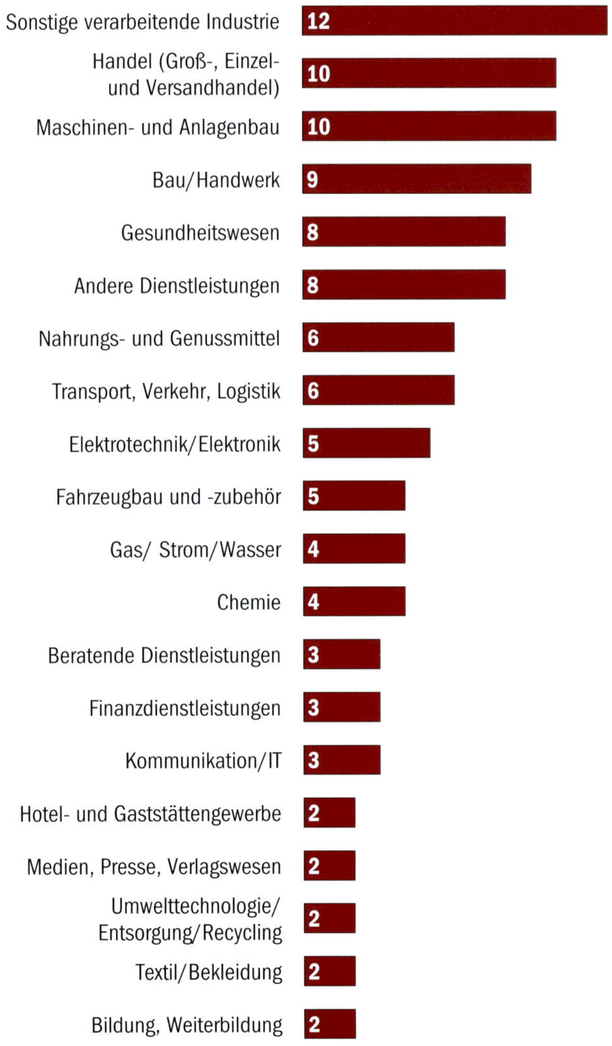

Quelle: Generali Deutschland, F.A.Z. BUSINESS MEDIA.

Funktion der interviewten bAV-Verantwortlichen
(in %)

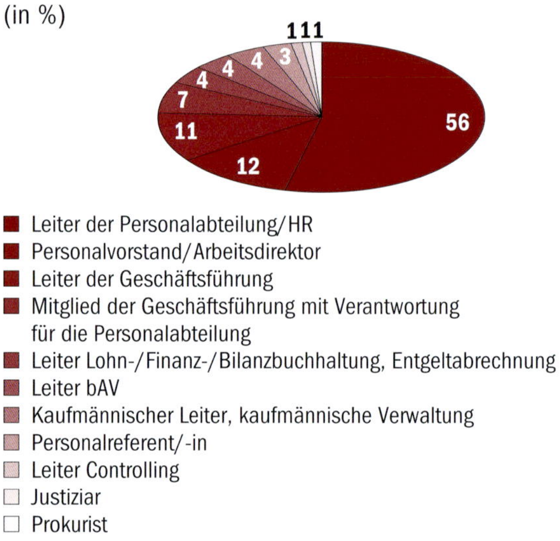

Quelle: Generali Deutschland, F.A.Z. BUSINESS MEDIA.

Größe der Unternehmen nach Mitarbeitern
(Anzahl der Mitarbeiter der befragten Unternehmen, in %)

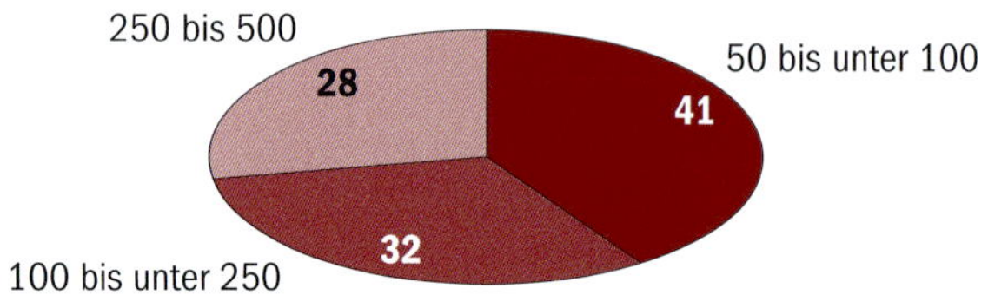

Quelle: Generali Deutschland, F.A.Z. BUSINESS MEDIA.

BEFRAGUNGSERGEBNISSE: TRENDS & THEMEN

BZML kommt besser an als SPM

Jeder zweite bAV-Entscheider ist davon überzeugt, dass Arbeitgeber durch eine gute bAV mit einer Hinterbliebenenversorgung Talente gewinnen und halten können. Die BZML findet im Mittelstand mehr Anklang als das Sozialpartnermodell. Die Betriebsrente bleibt in neun von zehn Betrieben ein Gesprächsthema zwischen den Beschäftigten und der Fachabteilung. Eine höhere steuerliche Förderung der Vorsorgeaktivitäten gilt als wirksamste Maßnahme, um Personen mit Vorsorgebedarf zu unterstützen.

Arbeitgeber im Mittelstand sehen sich derzeit mit vielen Herausforderungen konfrontiert. Das knappe Angebot an Arbeitskräften ist eine davon. Während immer mehr Babyboomer in den Ruhestand gehen, treten immer weniger jüngere Nachwuchs- und Arbeitskräfte in den Arbeitsmarkt ein. Also sind vor allem mittelständische Betriebe gefordert, mit Benefits wie der betrieblichen Altersversorgung um die jungen Köpfe zu werben. Auch Quereinsteiger sollten sich besser in den Arbeitsmarkt integrieren lassen. Zugleich hat ein Großteil der Bevölkerung einen hohen Bedarf an kapitalgedeckter Altersvorsorge.

bAV kann Talente binden

Tatsächlich ist jeder zweite befragte Entscheider im Mittelstand der Ansicht, dass Arbeitgeber durch ein gutes bAV-Angebot inklusive einer Hinterbliebenenversorgung mehr junge Talente gewinnen und im Unternehmen halten können (50 Prozent). Diesen Standpunkt vertreten die Befragten auch laut der Detailanalyse in ähnlich hohem Maße. Tendenziell stimmen mehr bAV-Entscheider aus mittleren und größeren Betrieben mit 100 bis 500 Beschäftigten zu (jeweils 52 Prozent). Der Vergleichswert kleinerer Unternehmen mit 50 bis unter 100 Beschäftigten beträgt 47 Prozent. Ebenfalls tendenziell ist die Zustimmung von Dienstleistungsbetrieben zur These etwas höher als die von Industrieunternehmen (53 vs. 47 Prozent).

Mit dem Sozialpartnermodell (SPM) und der reinen Beitragszusage (rBZ) hat der Gesetzgeber vor sechs Jahren neue Vehikel geschaffen, die gerade den unterversorgten Beschäftigten in kleinen und mittleren Unternehmen beim Aufbau einer Zusatzvorsorge helfen soll. Der Marktdurchbruch lässt noch auf sich warten, doch die rBZ mag dank des größeren Freiraums in der Kapitalanlage attraktiv wirken. Dagegen haben andere Vorsorgevehikel wie die BZML und die BOLZ aufgrund des Niedrigzinses an Nachfrage eingebüßt. Diese Situation hat sich aufgrund des raschen Zinsanstiegs inzwischen geändert und macht die beiden Vehikel wieder wettbewerbsfähig. 43 Prozent der befragten bAV-Experten

Jeder zweite bAV-Entscheider im Mittelstand glaubt, durch eine gute bAV mit Hinterbliebenenversorgung Talente halten zu können (Zustimmung zu Zukunftstrends; in % aller befragten bAV-Verantwortlichen[1])

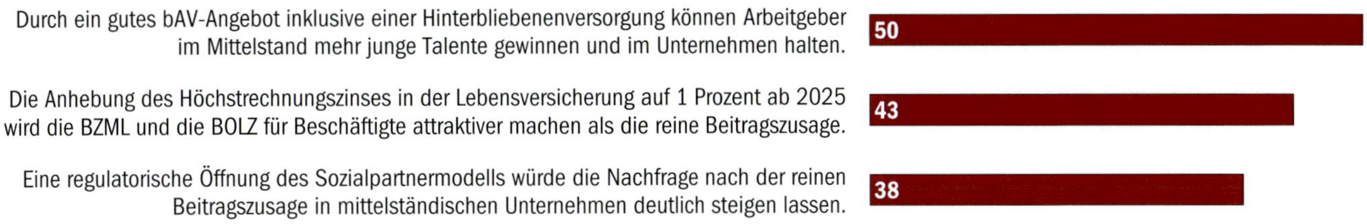

1) Mehrfachnennungen möglich.

Quelle: Generali Deutschland, F.A.Z. BUSINESS MEDIA.

sind der Ansicht, dass die Anhebung des Höchstrechnungszinses in der Lebensversicherung auf 1 Prozent ab 2025 die BZML und die BOLZ für Beschäftigte attraktiver machen wird als die reine Beitragszusage. Vor allem die Befragten in mittelgroßen Betrieben mit 100 bis unter 250 Beschäftigten stimmen dieser These zu (49 Prozent).

Tendenziell etwas skeptischer schauen die bAV-Experten im Mittelstand auf die aktuelle Gesetzesinitiative in der Bundesregierung. So sind nur 38 Prozent der Befragten der Ansicht, eine regulatorische Öffnung des Sozialpartnermodells würde die Nachfrage nach der reinen Beitragszusage in mittelständischen Unternehmen deutlich steigen lassen. In der Detailanalyse zeigen sich in dieser Frage teilweise unterschiedliche Standpunkte. Während die Zustimmung zu der These in den Betrieben unterschiedlicher Größe in einer Spanne von 36 bis 39 Prozent ähnlich hoch ausfällt, schauen die Vertreter verschiedener Branchen unterschiedlich auf das Thema. So stimmen 46 Prozent der Befragten in Dienstleistungsbetrieben der These zu, aber nur 29 Prozent der Industrieunternehmen. Somit verbindet fast jeder zweite Vertreter aus dem Servicebereich mit regulatorischen Verbesserungen die Hoffnung, das SPM mit der rBZ würde sich in den einzelnen Branchen und Betrieben künftig besser etablieren.

In neun von zehn Betrieben stellen Beschäftigte Anfragen zur bAV

Dass die Beschäftigen sich für das Thema bAV interessieren, zeigt der intensive Austausch zwischen ihnen und der Fachabteilung in den Betrieben. In 89 Prozent der befragten Unternehmen mit 50 bis 500 Beschäftigten sprechen Mitarbeiter und Fachabteilung miteinander über die Betriebsrente. So berichten allein zwei Drittel der bAV-Experten, Beschäftigte im eigenen Betrieb fragten nach dem finanziellen Beitrag des Arbeitgebers zur bAV (64 Prozent). Damit ist dieses

Die meisten Betriebe sehen in regulatorischer Öffnung des Sozialpartnermodells keinen Weg, um die Nachfrage nach reiner Beitragszusage zu stärken (Zustimmung zu Zukunftstrends; in % aller befragten bAV-Verantwortlichen[1])

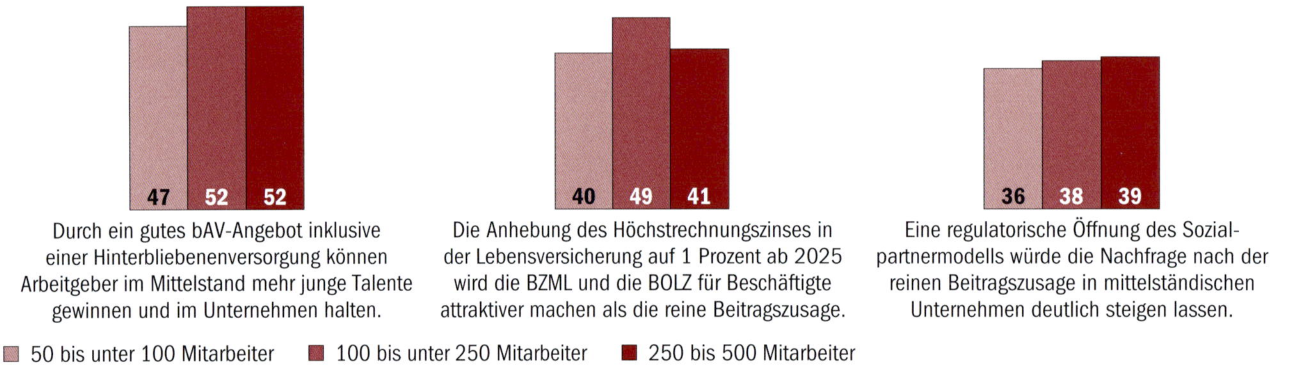

1) Mehrfachnennungen möglich.

Quelle: Generali Deutschland, F.A.Z. BUSINESS MEDIA.

Höherer Höchstrechnungszins in der Lebensversicherung macht BZML und BOLZ attraktiver als reine Beitragszusage (befürwortete Ausstattung einer Hinterbliebenenversorgung im Rahmen einer bAV, um als Bindungsinstrument für Beschäftigte attraktiv zu sein; in % aller befragten bAV-Verantwortlichen, nach Branche[1])

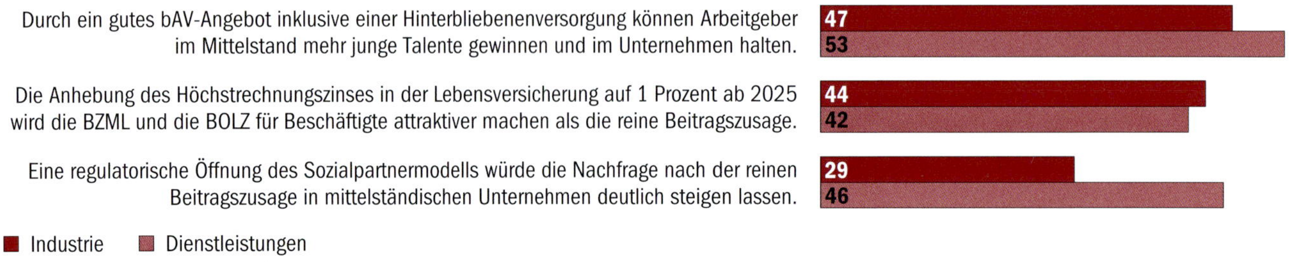

1) Mehrfachnennungen möglich.

Quelle: Generali Deutschland, F.A.Z. BUSINESS MEDIA.

Thema in annähernd ebenso vielen Betrieben präsent wie vor einem Jahr (66 Prozent). Im Einzelnen zeigt sich der Redebedarf der Beschäftigten zum finanziellen Beitrag des Arbeitgebers in mehr Industrieunternehmen, als er in Dienstleistungsbetrieben besteht (68 vs. 59 Prozent). Auch in den Detailanalysen nach Anzahl der Beschäftigten fallen die Anteile in dieser Frage verschieden hoch aus. So wird in größeren (73 Prozent) und in kleineren Betrieben (64 Prozent) häufiger nach dem Arbeitgeberbeitrag zur bAV gefragt als in mittleren Unternehmen (54 Prozent).

Tendenziell mehr Beschäftigte fragen allgemein nach dem bAV-Angebot ihres Unternehmens als noch vor einem Jahr (60 vs. 56 Prozent). Im Detail zeigt sich, dass diese Nachfrage umso höher ist, je größer die Unternehmen sind. So verzeichnen 68 Prozent der größeren Betriebe generelle Nachfragen zum bAV-Angebot

In jedem dritten Unternehmen fragen Beschäftigte nach flexiblem Übergang in die Rentenphase
(bAV-Themen, auf die die Mitarbeiter die befragten bAV-Verantwortlichen besonders ansprechen; in % der befragten bAV-Verantwortlichen[1)])

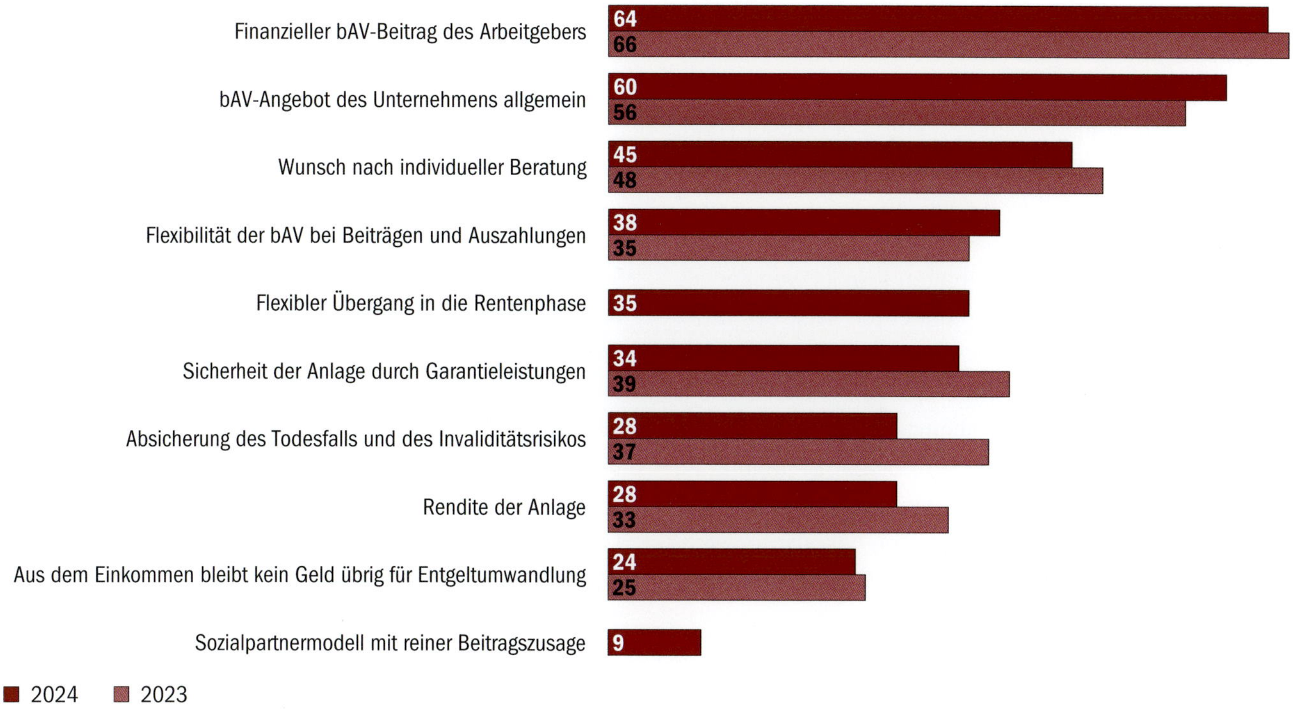

1) Mehrfachnennungen möglich.

Quelle: Generali Deutschland, F.A.Z. BUSINESS MEDIA.

Industriebetriebe diskutieren mehr bAV-Themen
(ausgewählte bAV-Themen, auf die die Mitarbeiter die befragten bAV-Verantwortlichen besonders ansprechen; in % der befragten bAV-Verantwortlichen, nach Branche[1)])

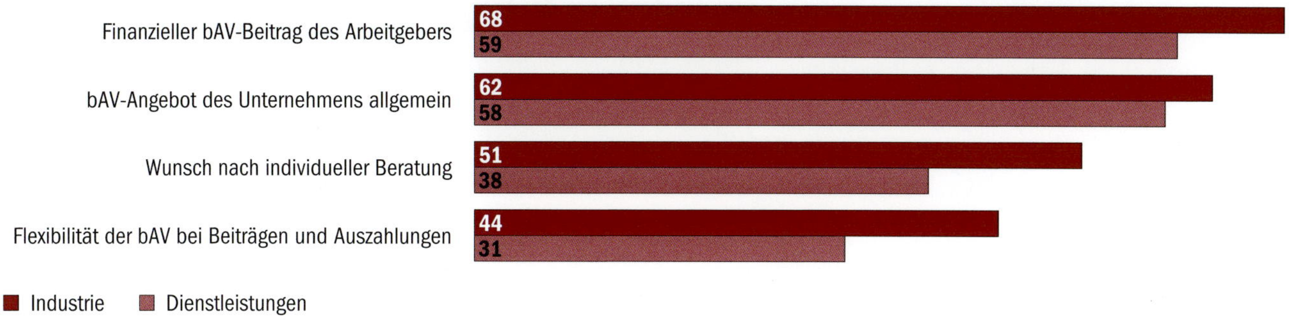

1) Mehrfachnennungen möglich.

Quelle: Generali Deutschland, F.A.Z. BUSINESS MEDIA.

In drei Vierteln der größeren Betriebe fragen Beschäftigte nach Arbeitgeberleistung zur bAV
(ausgewählte bAV-Themen, auf die die Mitarbeiter die befragten bAV-Verantwortlichen besonders ansprechen; in % der befragten bAV-Verantwortlichen, nach Mitarbeiterzahl[1])

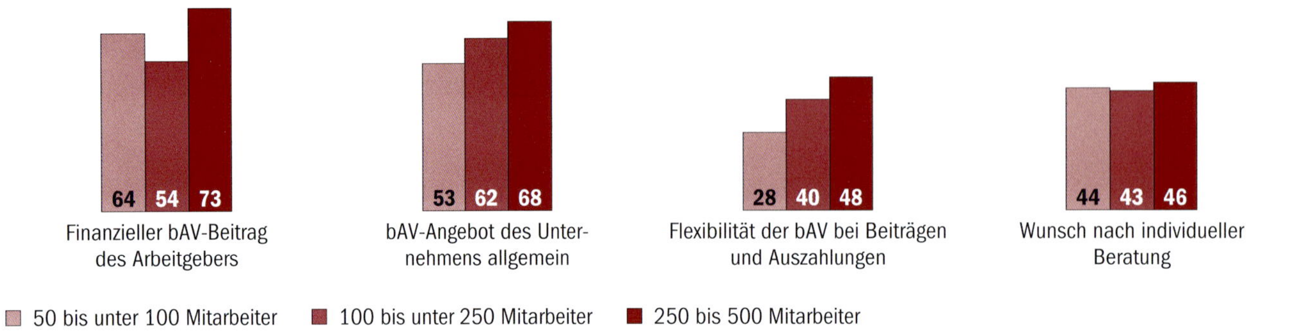

1) Mehrfachnennungen möglich.

Quelle: Generali Deutschland, F.A.Z. BUSINESS MEDIA.

des Arbeitgebers. In mittleren Betrieben sind es 62 Prozent, in kleineren Betrieben 53 Prozent. Der Vergleich zwischen den Branchenclustern ergibt bei dieser Frage geringere Differenzen: 62 Prozent der Industrie und 58 Prozent des Dienstleistungssektors.

Alle anderen bAV-Themen erhalten jeweils weniger als 50 Prozent der Befragten. So berichten 45 Prozent der bAV-Experten vom Wunsch der Beschäftigten nach einer individuellen Beratung. Fragen zur Flexibilität der bAV bei Beiträgen und Auszahlungen werden in 38 Prozent der Betriebe gestellt. Neu in dieser Befragung ist der Aspekt des flexiblen Übergangs in die Rentenphase, der in 35 Prozent der Betriebe besprochen wird. Fast ebenso viele Betriebe vermelden Gespräche über die Sicherheit der Anlage durch Garantieleistungen (34 Prozent). Dahinter folgen die Absicherung des Todesfalls und des Invaliditätsrisikos sowie die Rendite der Anlage (jeweils 28 Prozent) und fehlendes verfügbares Geld für die Entgeltumwandlung (24 Prozent).

Nur in jedem zehnten Betrieb kommt SPM zur Sprache

Lediglich 9 Prozent der befragten bAV-Experten berichten von Nachfragen zum Sozialpartnermodell und zur reinen Beitragszusage. Die Detailanalyse weist keine Untergruppen der befragten Betriebe aus, in denen tendenziell häufiger über das SPM gesprochen wird.

Betriebe plädieren für höhere steuerliche Förderung von Vorsorgeleistungen
(hilfreiche Maßnahmen des Arbeitgebers, um Beschäftigte mit besonders großem Vorsorgebedarf zu fördern; in % aller befragten bAV-Verantwortlichen[1])

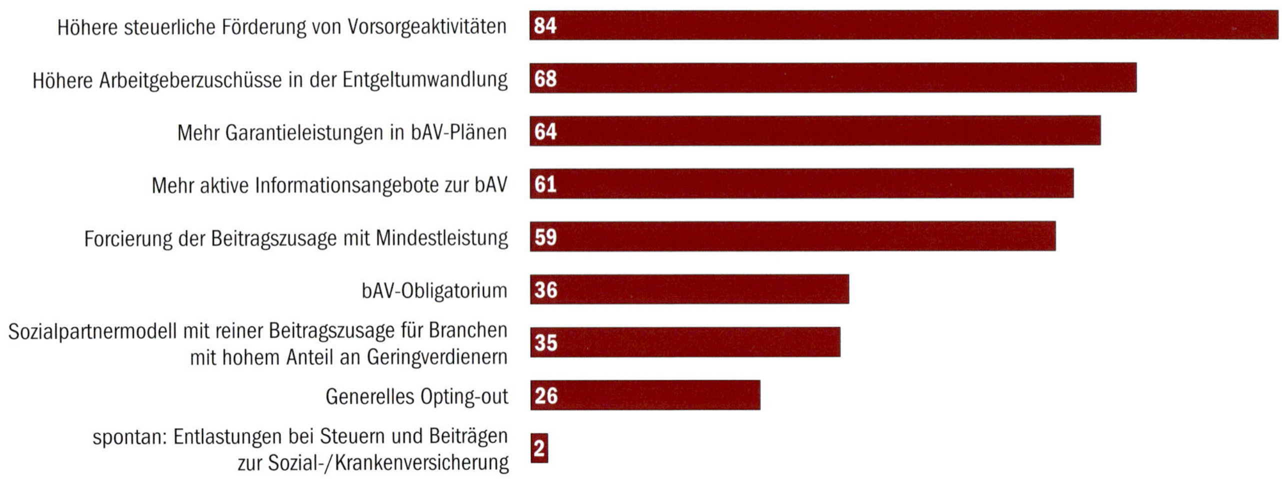

1) Mehrfachnennungen möglich.

Quelle: Generali Deutschland, F.A.Z. BUSINESS MEDIA.

Rund ein Drittel der Betriebe befürwortet das Sozialpartnermodell
(hilfreiche Maßnahmen des Arbeitgebers, um Beschäftigte mit besonders großem Vorsorgebedarf zu fördern; in % aller befragten bAV-Verantwortlichen, nach Mitarbeiteranzahl[1])

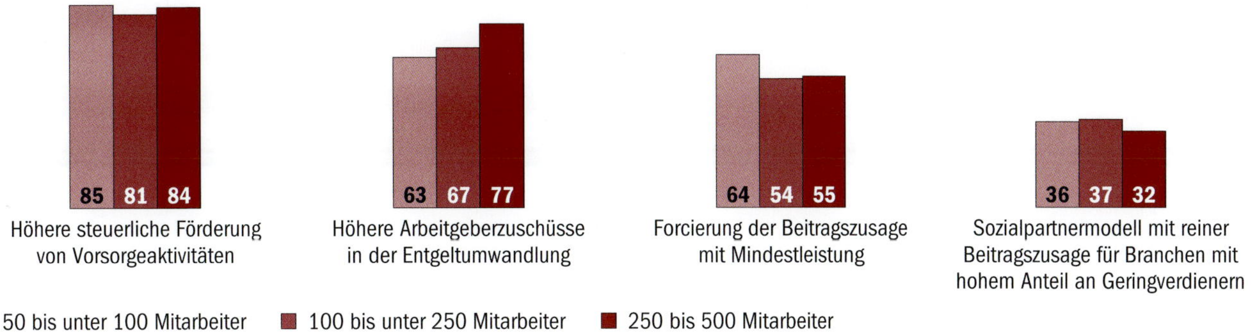

1) Mehrfachnennungen möglich.

Quelle: Generali Deutschland, F.A.Z. BUSINESS MEDIA.

Der Blick in die Detailanalyse der Ergebnisse nach Mitarbeiterzahl verrät, dass mehr Industrieunternehmen mehr bAV-Themen besprechen, als es Dienstleistungsbetriebe tun. So geben die Befragten in der Industrie im Durchschnitt über vier bAV-Themen an, die ihre Kollegen an sie herantragen. Dem steht ein Durchschnitt von mehr als drei Themen auf der Seite der Dienstleister gegenüber. Im Einzelnen ist die Differenz zwischen Industrie und Dienstleistungen beim Thema Wunsch nach individueller Beratung (51 Prozent vs. 38 Prozent) sowie beim Thema Flexibilität von Beiträgen und Auszahlungen (44 Prozent vs. 31 Prozent) besonders groß.

Auch die Einzelergebnisse nach Anzahl der Mitarbeiter weisen eine klare Tendenz auf: Je größer ein Unternehmen ist, desto mehr bAV-Themen wollen die Beschäftigten mit der Fachabteilung besprechen. So erkundigen sich die Mitarbeiter in 73 Prozent der größeren Betriebe, aber nur in 54 Prozent der mittleren Unternehmen. Ebenso zeigt sich ein deutliches Gefälle zwischen größeren Betrieben (48 Prozent) und kleineren Betrieben (28 Prozent) in der Frage nach flexiblen Beiträgen und Auszahlungen. Dagegen ist die Nachfrage nach individueller Beratung in kleineren (44 Prozent), mittleren (43 Prozent) und größeren Betrieben (46 Prozent) tendenziell gleich groß. Sie hängt somit zuerst vom persönlichen Vorsorgebedarf der Beschäftigten, weniger von der Größe des Betriebs oder dessen bAV-Angebot ab.

Höhere steuerliche Förderung für Personen mit hohem Vorsorgebedarf gefordert

Die aktuellen Reformbemühungen der Bundesregierung zielen vor allem auf mehr Altersvorsorge für Personen mit geringerem Einkommen ab. Wir haben die bAV-Experten im Mittelstand gefragt, welche Maßnahmen

Über 40 Prozent der Industriebetriebe sprechen sich für das Sozialpartnermodell aus
(hilfreiche Maßnahmen des Arbeitgebers, um Beschäftigte mit besonders großem Vorsorgebedarf zu fördern; in % aller befragten bAV-Verantwortlichen, nach Branche[1])

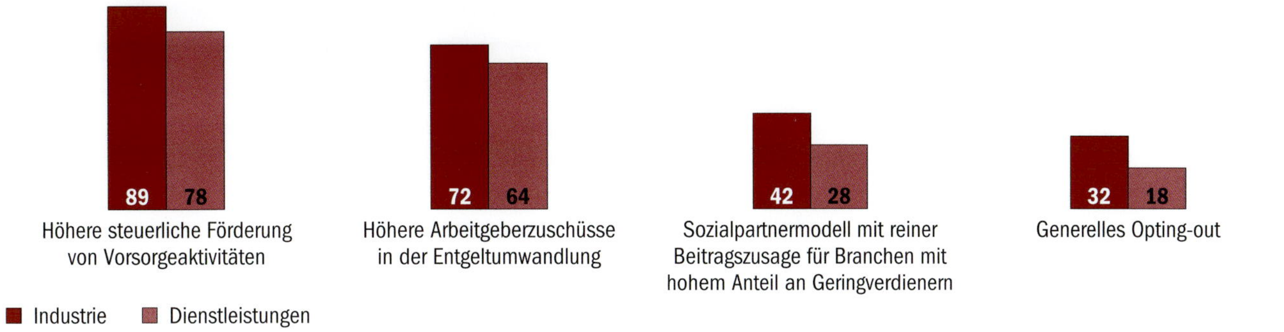

1) Mehrfachnennungen möglich.

Quelle: Generali Deutschland, F.A.Z. BUSINESS MEDIA.

Mehrheit der Betriebe befürwortet Garantieleistungen für Vorsorgebedürftige
(Zustimmung zu mehr Garantieleistungen in bAV-Plänen als hilfreiche Maßnahme des Arbeitgebers, um Beschäftigte mit besonders großem Vorsorgebedarf zu fördern; in % aller befragten bAV-Verantwortlichen, nach Finanzierungsform[1])

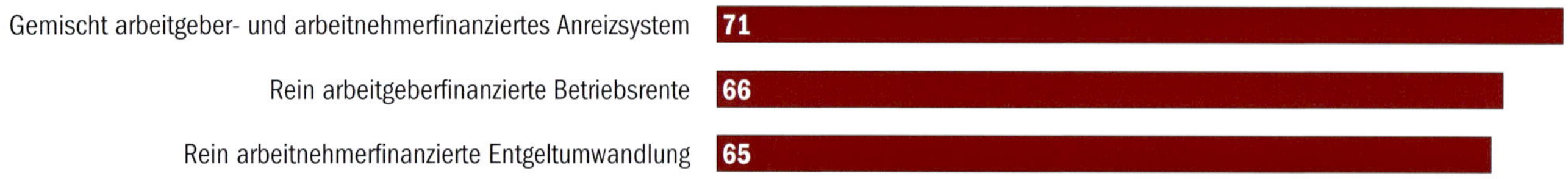

1) Mehrfachnennungen möglich.

Quelle: Generali Deutschland, F.A.Z. BUSINESS MEDIA.

des Arbeitgebers sie für hilfreich erachten, um Beschäftigte mit einem besonders großen Bedarf an Altersvorsorge zu fördern. Mit deutlichem Abstand steht eine höhere steuerliche Förderung der Vorsorgeaktivitäten an erster Stelle (84 Prozent). Vor allem Industrieunternehmen sprechen sich mit überwiegender Mehrheit dafür aus (89 Prozent). Auch bei Dienstleistungsbetrieben ist die Zustimmung zu dieser Maßnahme am höchsten (78 Prozent). Daneben befürworten 2 Prozent aller Befragten spontan in den Interviews Entlastungen bei Steuern und Beiträgen zur Sozial- und zur Krankenversicherung.

68 Prozent aller befragten bAV-Experten sprechen sich für höhere Arbeitgeberzuschüsse in der Entgeltumwandlung aus. Das stößt vor allem bei größeren Betrieben (77 Prozent) und bei Industrieunternehmen (72 Prozent) auf große Zustimmung.

Bemerkenswert ist das Votum von fast zwei Dritteln der Befragten für mehr Garantieleistungen in bAV-Plänen (64 Prozent). Dieses Ergebnis läuft der Anlage und der Funktionsweise des Sozialpartnermodells und der reinen Beitragszusage konträr entgegen. Somit findet das Grundprinzip des SPM und der rBZ im Mittelstand keine Zustimmung. Dieses Ergebnis korrespondiert mit den 35 Prozent aller Befragten, die sich dafür aussprechen, das SPM mit der rBZ vor allem in Branchen mit einem hohen Anteil an Geringverdienern zum Einsatz zu bringen. Hier zeigt sich, dass immerhin 42 Prozent der Industrieunternehmen SPM und rBZ befürworten. Dagegen sind im Hinblick auf die Unternehmensgröße keine relevanten Unterschiede zwischen den Betrieben in der Haltung zu dieser Frage ersichtlich.

Zwei Drittel der Betriebe befürworten Garantieleistungen

Es lohnt der genaue Blick auf die Befragungsergebnisse zum Thema Garantieleistungen. Tendenziell ist die Zustimmung der Betriebe, die ein gemischt arbeitgeber- und arbeitnehmerfinanziertes Anreizsystem anbieten, zu Garantieleistungen am höchsten (71 Prozent). Auch die große Mehrheit der Industriebetriebe (71 Prozent) spricht sich für mehr Garantien aus. Auf der Seite der Dienstleistungsbetriebe fällt die Mehrheit mit 56 Prozent knapper aus.

Mehrheitsnennungen entfallen auch auf ein Plus bei aktiven Informationsangeboten zur bAV (61 Prozent) und bei der Forcierung der Beitragszusage mit Mindestleistung (59 Prozent). Somit sprechen sich die bAV-Entscheider im Mittelstand eindeutig für die BZML und nicht für das SPM aus. Vor allen in kleineren Betrieben ist die Zustimmung zu diesem Vorsorgevehikel am größten (64 Prozent), doch auch in mittleren und größeren Betrieben liegt die Zustimmung jeweils über 50 Prozent (54 Prozent vs. 55 Prozent).

Mehr als ein Drittel der befragen bAV-Entscheider befürwortet ein Obligatorium, um die Vorsorge von Personen mit einem entsprechenden Bedarf zu stärken. Die Detailanalyse zeigt über alle Einzelgruppen hinweg eine ähnlich hohe Zustimmung zu dieser Maßnahme. 26 Prozent der Befragten wünschen sich ein generelles Opting-out. Gerade bei Betrieben, die die reine Entgeltumwandlung bereithalten, ist die Sympathie für dieses Instrument groß.

BEFRAGUNGSERGEBNISSE: MARKT

bAV-Markt tritt auf der Stelle

Die Marktdurchdringung der bAV im Mittelstand macht derzeit keine Fortschritte. Der durchschnittliche Anteil des Topmanagements mit einer bAV-Anwartschaft sinkt bei kleineren Unternehmen tendenziell. Fast acht von zehn Betrieben setzen in der bAV auf gemischt arbeitgeber- und arbeitnehmerfinanzierte Anreizsysteme. Die Direktversicherung ist mit einem Anteil von 87 Prozent weiterhin der am häufigsten gewählte Durchführungsweg. Im Durchschnitt bieten die Unternehmen 2,6 Durchführungswege an.

So viel sich aktuell auf der politischen Ebene und auf der des Gesetzgebers in Sachen betriebliche Altersversorgung auch bewegt: Die Marktdurchdringung der bAV im Mittelstand kommt in diesem Jahr erneut kaum voran, sondern tritt, gesamt betrachtet, auf der Stelle. Während der Anteil des Topmanagements, das mindestens ein bAV-Angebot nutzt, laut den Schätzungen der befragten Entscheider binnen Jahresfrist von 56 auf 53 Prozent zurückging, bewegt sich der entsprechende Anteil des mittleren Managements aktuell auf stabilisierten 45,1 Prozent nach 44,7 Prozent im Vorjahr.

Der Anteil der übrigen Mitarbeiter, die mindestens ein bAV-Angebot nutzen, beläuft sich aktuell auf 42,4 Prozent. Im vergangenen Jahr war er mit 39,8 Prozent tendenziell geringer.

Für das Topmanagement sind die ermittelten 53 Prozent einer der niedrigsten Werte in dieser Studienreihe. Während die Marktdurchdringung in dieser Gruppe der obersten Führungskräfte in mittleren (56,3 Prozent) und größeren Betrieben (54,6 Prozent) jeweils höher ist, weisen kleinere Betriebe mit 49,4 Prozent einen geringeren Vergleichswert auf.

Deutlicher fällt der Unterschied beim Blick auf die Detailanalyse nach Branchengruppen aus. Demnach beläuft sich der Durchschnittswert der Marktdurchdringung beim Topmanagement in den befragten Dienstleistungsbetrieben auf 59,3 Prozent. In den Industrieunternehmen fällt er hingegen mit 46,9 Prozent deutlich geringer aus.

Marktdurchdringung der bAV legt bei Mitarbeitern leicht zu
(durchschnittliche Teilnahme an bAV in den Unternehmen; Schätzwerte in % der befragten bAV-Verantwortlichen[1)])

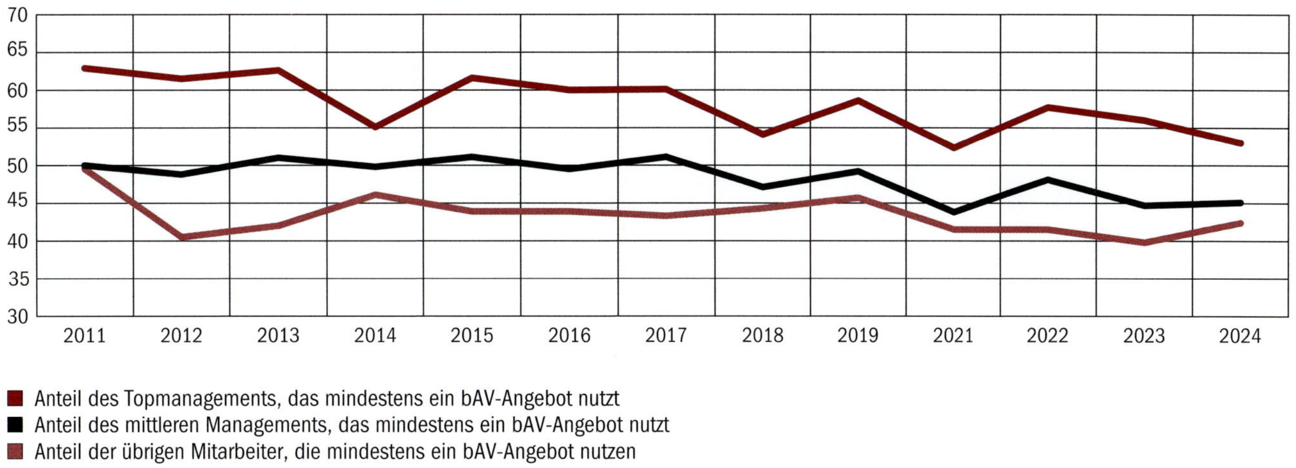

1) Mehrfachnennungen möglich.

Quelle: Generali Deutschland, F.A.Z. BUSINESS MEDIA.

Auch für das mittlere Management (48,9 vs. 41,4 Prozent) und die Mitarbeiter (45,8 vs. 39,1 Prozent) sind die Werte zu Dienstleistungsbetrieben höher als die zu Industrieunternehmen. Bei diesen beiden Hierarchieebenen fällt auf, dass die Marktdurchdringung mit der Anzahl der Beschäftigen in den Unternehmen zunimmt. So weisen größere Betriebe eine höhere Marktdurchdringung auf als kleinere Betriebe – sowohl im mittleren Management (50,5 vs. 38,4 Prozent) als auch auf der Ebene der Mitarbeiter (39,3 vs. 36,1 Prozent).

Acht von zehn mittelständischen Betrieben setzen auf gemischt finanzierte Vorsorgemodelle

Auch die Befragungsergebnisse zu den Finanzierungsformen für die betriebliche Altersversorgung signalisieren vor allem Stabilisierung der bestehenden Verhältnisse. Die am häufigsten genutzte Finanzierungsform sind weiterhin gemischt arbeitgeber- und arbeitnehmerfinanzierte Anreizsysteme (78 Prozent). 34 Prozent der befragten bAV-Entscheider geben an, die rein arbeitnehmerfinanzierte Entgeltumwandlung im eigenen Betrieb anzubieten. Weitere 24 Prozent der Befragten nennen die rein arbeitgeberfinanzierte Betriebsrente. Damit sind die Werte für die drei Finanzierungsformen im Vergleich zum Vorjahr im Wesentlichen stabil geblieben.

In der Detailanalyse zeigt sich, dass gemischt arbeitgeber- und arbeitnehmerfinanzierte Anreizsysteme in Unternehmen aller Größen an der ersten Stelle liegen. Den größten Anteil weisen sie mit 81 Prozent in kleineren Betrieben mit 50 bis unter 100 Beschäftigten auf. Dahinter folgen mittlere und größere Unternehmen mit jeweils 75 Prozent (zusammen 100 bis

bAV-Anteile legen in mittleren und größeren Unternehmen zu
(durchschnittliche Teilnahme an bAV in den Unternehmen; Schätzwerte in % der befragten bAV-Verantwortlichen, nach Mitarbeiteranzahl[1])

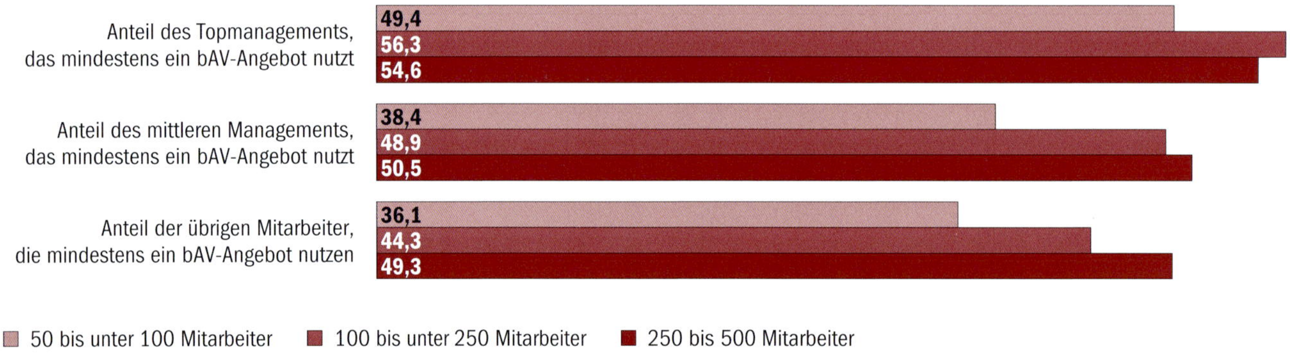

1) Mehrfachnennungen möglich.

Quelle: Generali Deutschland, F.A.Z. BUSINESS MEDIA.

Dienstleister weisen höhere bAV-Anteile auf als Industrie
(durchschnittliche Teilnahme an bAV in den Unternehmen; Schätzwerte in % der befragten bAV-Verantwortlichen, nach Branche[1])

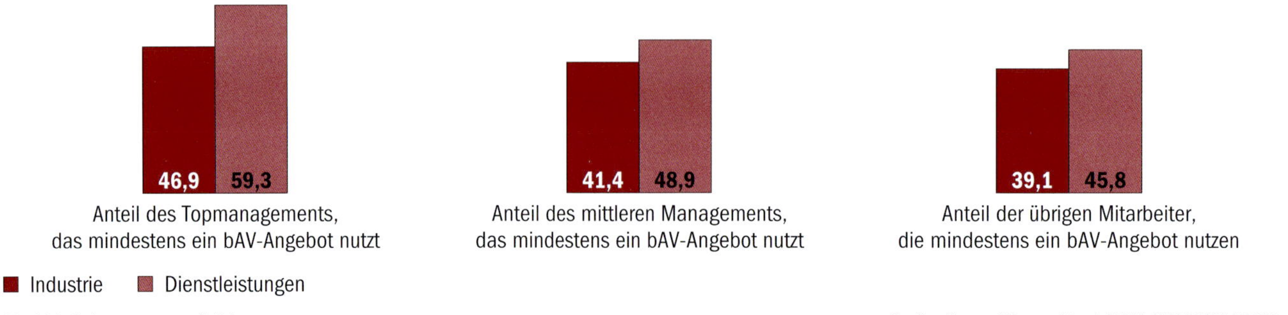

1) Mehrfachnennungen möglich.

Quelle: Generali Deutschland, F.A.Z. BUSINESS MEDIA.

500 Beschäftigte). Bei den beiden Branchengruppen weichen die Werte für die Industrie und den Dienstleistungssektor mit jeweils rund 78 Prozent kaum voneinander ab.

Die Befragungsergebnisse zur rein arbeitnehmerfinanzierten Entgeltumwandlung liegen – nach Mitarbeiterzahl differenziert – in einer Spanne von 30 bis 40 Prozent relativ eng beieinander. Ähnlich fallen die Werte zu den Branchengruppen mit jeweils rund 33 Prozent aus.

Einzig bei der rein arbeitgeberfinanzierten Betriebsrente zeigt sich in der Detailanalyse eine Entwicklung: Je größer ein Unternehmen ist, desto höher ist sein Anteil bei dieser Finanzierungsform. So bieten 36 Prozent der größeren Unternehmen eine rein arbeitgeberfinanzierte Betriebsrente an, hingegen nur 15 Prozent der kleineren Betriebe. Zugleich ist die Differenz zwischen den entsprechenden Werten für Industrie- und Dienstleistungsunternehmen mit 3 Prozentpunkten gering (25 vs. 22 Prozent).

95 Prozent der befragten Unternehmen bieten generell eine Entgeltumwandlung für die betriebliche Altersversorgung an. Dieses sehr hohe Niveau nahe der 100-Prozent-Marke hat sich beim Blick auf die zurückliegenden Befragungen für diese Studienreihe als stabil etabliert.

Anteile der Finanzierungsformen der bAV bleiben stabil
(angebotene Finanzierungsformen für bAV; in % der befragten bAV-Verantwortlichen[1)])

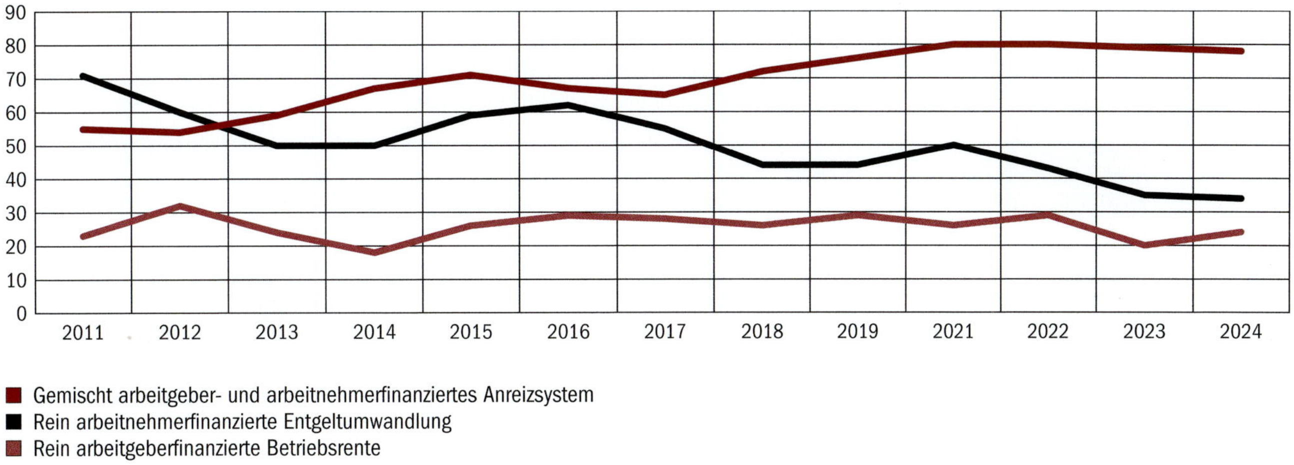

1) Mehrfachnennungen möglich.

Quelle: Generali Deutschland, F.A.Z. BUSINESS MEDIA.

Gemischt finanzierte bAV-Pläne dominieren in Betrieben aller Größen
(angebotene Finanzierungsformen für bAV; in % der befragten bAV-Verantwortlichen, nach Mitarbeiteranzahl[1)])

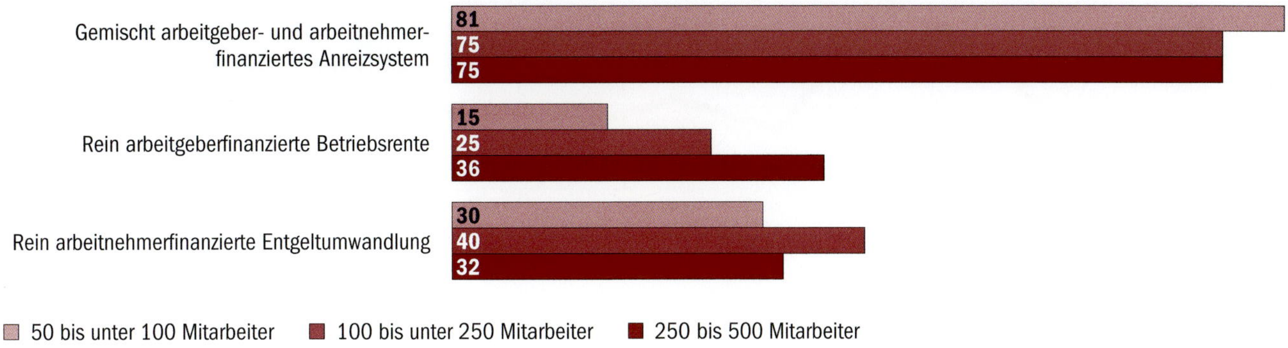

1) Mehrfachnennungen möglich.

Quelle: Generali Deutschland, F.A.Z. BUSINESS MEDIA.

Die Direktversicherung bleibt der vorherrschende Durchführungsweg im Mittelstand, die Pensionskasse behauptet sich

Die Direktversicherung ist mit einem Anteil von 87 Prozent weiterhin der am häufigsten gewählte Durchführungsweg im Mittelstand. Es folgt dahinter die Pensionskasse mit 46 Prozent. Beide Durchführungswege liegen fast identisch auf ihren jeweiligen Niveaus des Vorjahres. Vor allem die stabilen Werte für die Pensionskasse lassen vermuten, dass sich dieser Durchführungsweg nach den schwierigen Jahren des Niedrigzinses stabilisiert hat.

Perspektivisch könnten sich die Aussichten für Pensionskassen weiter verbessern, wenn der Gesetzgeber die geplanten Lockerungen bei der jederzeitigen Bedeckung in der Kapitalanlage beschließt. Dann würde der Durchführungsweg auch dank des höheren Zinsniveaus wieder an früherer Attraktivität zurückgewinnen.

Die Direktzusage schließt sich im Ranking der Befragungsergebnisse mit verbesserten 29 Prozent an. In den beiden Vorjahren lag ihr Wert in den Befragungen jeweils bei tendenziell schwächeren 25 Prozent. Dahinter folgen die Unterstützungskasse und branchen- bzw. tarifvertragliche Versorgungsmodelle mit jeweils 24 Prozent.

Der Durchführungsweg Pensionsfonds kommt aktuell auf verbesserte 22 Prozent nach 18 Prozent im Vorjahr. Daran schließen sich Zeitwertkonten an (18 Prozent). Auf den hinteren Rängen folgen die betriebliche Riesterrente (8 Prozent), individuell entwickelte Spezialmodelle (5 Prozent) sowie andere betriebliche Organisationen der betrieblichen Altersversorgung (2 Prozent). Zu letzteren zählen beispielsweise Unternehmen, die Betriebsrenten direkt aus ihrem laufenden Cashflow zahlen. Gerade die Werte für die betriebliche Riesterrente nehmen in den Befragungen fortlaufend ab. Eine große Zukunft wird sie im Mittelstand kaum haben.

Industrie und Dienstleistungsbetriebe liegen bei gemischt finanzierten bAV-Plänen gleichauf
(angebotene Finanzierungsformen für bAV; in % der befragten bAV-Verantwortlichen, nach Branche[1])

1) Mehrfachnennungen möglich.

Quelle: Generali Deutschland, F.A.Z. BUSINESS MEDIA.

Entgeltumwandlung deckt den Mittelstand ab
(angebotene Entgeltumwandlung für bAV; in % der befragten bAV-Verantwortlichen[1])

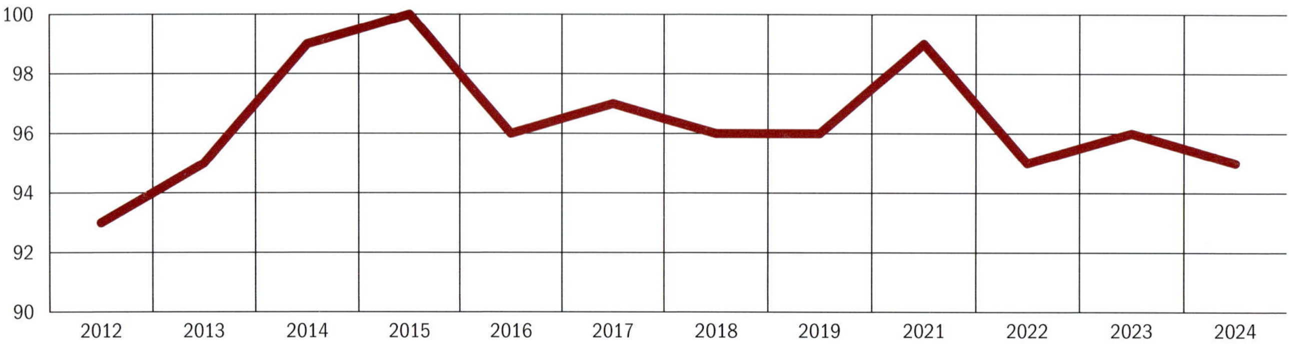

1) Mehrfachnennungen möglich.

Quelle: Generali Deutschland, F.A.Z. BUSINESS MEDIA.

In der Detailanalyse liegt die Direktversicherung bei Unternehmen aller Größen nach Anzahl der Beschäftigten weit vorn. So geben 93 Prozent der größeren Betriebe mit 250 bis 500 Mitarbeitern und 86 Prozent der kleineren Betriebe mit 50 bis unter 100 Mitarbeitern an, die Direktversicherung als Durchführungsweg zu nutzen (siehe Grafik S. 18 oben). Die entsprechenden Vergleichswerte für Pensionskassen betragen 54 Prozent für größere und 37 Prozent für kleinere Betriebe.

Übrigens: Sämtliche 200 befragten Unternehmen im Mittelstand geben an, jeweils mindestens einen der abgefragten Durchführungswege anzubieten.

Je größer die Unternehmen sind, desto mehr Durchführungswege bieten sie an

Bei anderen Durchführungswegen zeigen sich ähnliche Relationen wie bei der Direktversicherung und bei der Pensionskasse. So nehmen auch die Anteile der Direktzusage mit steigender Zahl der Beschäftigten in den Unternehmen zu. Die größeren Betriebe weisen einen Anteil von 38 Prozent bei der Direktzusage auf, kleinere nur einen Anteil von 25 Prozent. Ähnliche Ergebnisse sehen wir bei der Unterstützungskasse mit einem Anteil der größeren Betriebe in Höhe von 38 Prozent und der kleineren mit 17 Prozent.

Ein umgekehrtes Bild bieten Pensionsfonds. Bei ihnen beläuft sich der Anteil der kleineren Betriebe auf 28 Prozent, der der größeren Unternehmen auf 16 Prozent. Offensichtlich nutzen mehr kleinere Betriebe die Angebote überbetrieblicher Pensionsfonds, denn die Zahl der Pensionsfonds in Deutschland insgesamt ist mit 35 Einrichtungen laut der BaFin-Unternehmensdatenbank immer noch gering.

Hinsichtlich der Branchengruppen zeigt sich ein verteiltes Bild je nach Durchführungsweg. So bieten 90 Prozent der Industrieunternehmen eine Direktversicherung an. In den Dienstleistungsbetrieben sind es mit 84 Prozent tendenziell weniger. Bei der Pensionskasse ist die Differenz mit 54 Prozent in den Industrieunternehmen und 38 Prozent in Dienstleistungsbetrieben größer.

Anders sieht die Relation bei der Direktzusage, bei der Unterstützungskasse und bei branchen- bzw. tarifvertraglicher Versorgung aus. Hier weisen die Dienstleistungsbetriebe jeweils höhere Anteile als die Industrieunternehmen auf. Das zeigt sich vor allem in der branchen- bzw. tarifvertragliche Versorgung mit 28 Prozent Dienstleistungsbetrieben und 20 Prozent Industrieunternehmen.

Durchführungswege bleiben stabil, Branchen- und Tarifpläne legen tendenziell zu
(im Unternehmen existierende bAV-Durchführungswege und Modelle; in % der befragten bAV-Verantwortlichen[1)])

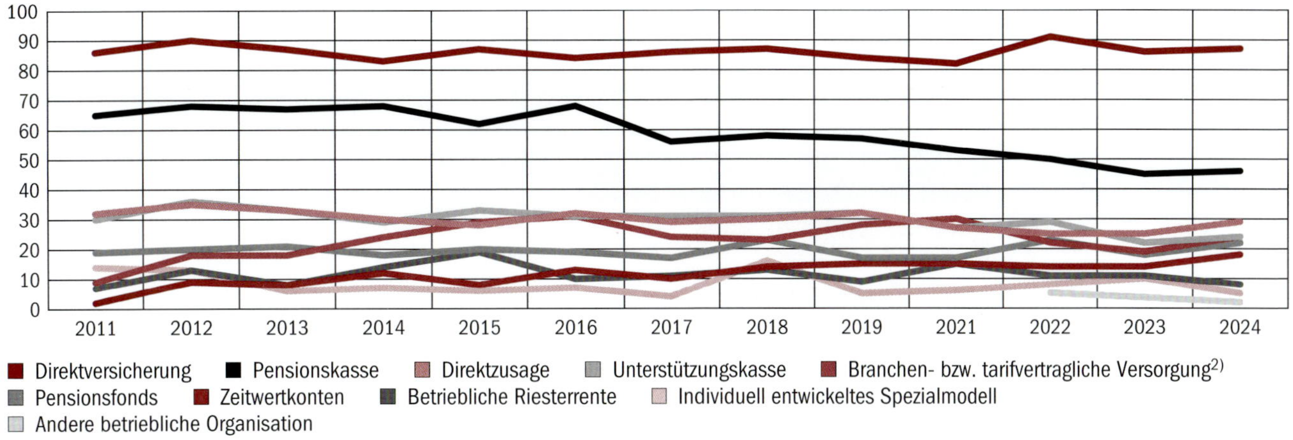

1) Mehrfachnennungen möglich.
2) Gruppenvertrag einer Berufsgenossenschaft/Gewerkschaft

Quelle: Generali Deutschland, F.A.Z. BUSINESS MEDIA.

2,6 Durchführungswege sind der Durchschnittswert für die betriebliche Altersversorgung im Mittelstand

Im Durchschnitt bieten die befragten Unternehmen 2,6 Durchführungswege an. Am höchsten ist der Durchschnittswert bei größeren Betrieben mit drei Durchführungswegen. Zum Vergleich: Bei kleineren und mittleren Betrieben beträgt der Durchschnitt 2,5 Durchführungswege. Zudem weisen Unternehmen, die unter anderem eine rein arbeitgeberfinanzierte Betriebsrente anbieten, mit einem Durchschnitt von drei mehr Durchführungswege auf als die übrigen mittelständischen Betriebe. Tendenziell stellen auch Industrieunternehmen ihren Beschäftigten mehr Durchführungswege zur Verfügung als Dienstleistungsbetriebe.

Je höher die Zahl der Mitarbeiter in den Betrieben, desto größer das Angebot an Durchführungswegen
(ausgewählte bAV-Durchführungswege und Modelle, die im Unternehmen existieren; in % der befragten bAV-Verantwortlichen, nach Mitarbeiterzahl[1])

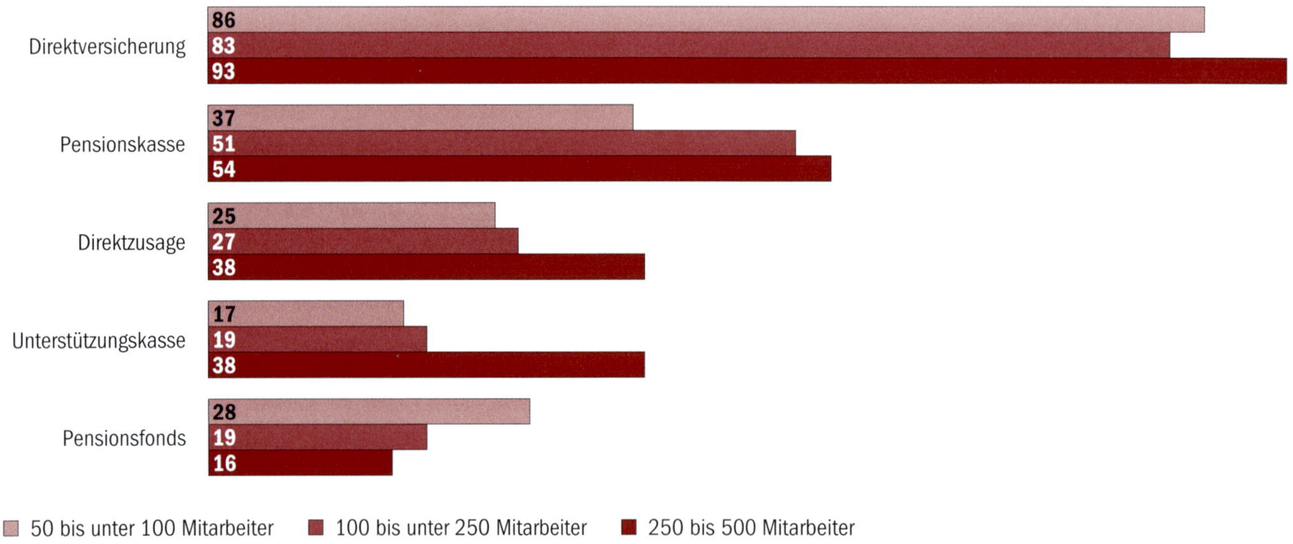

1) Mehrfachnennungen möglich.

Quelle: Generali Deutschland, F.A.Z. BUSINESS MEDIA.

Die meisten Industrieunternehmen halten an der Pensionskasse fest
(ausgewählte bAV-Durchführungswege und Modelle, die im Unternehmen existieren; in % der befragten bAV-Verantwortlichen, nach Branche[1])

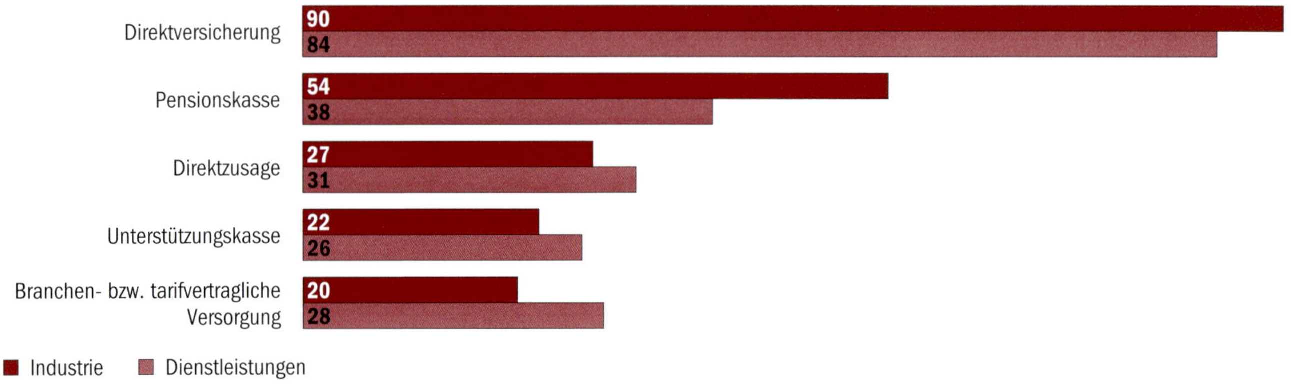

1) Mehrfachnennungen möglich.

Quelle: Generali Deutschland, F.A.Z. BUSINESS MEDIA.

BEFRAGUNGSERGEBNISSE: MITARBEITERBINDUNG

HR-Instrumente wirken stark

Die bAV mit einer Arbeitgeberbeteiligung zählt neben Weiterbildung zu den wichtigsten HR-Instrumenten im Mittelstand. Immerhin jeder vierte Betrieb spitzt das eigene bAV-Angebot auf Beschäftigte mit besonders großem Vorsorgebedarf zu. Größere Betriebe locken mit Homeoffice, kleinere mit Zeitwertkonten. Die Industrie ist angesichts der Inflation bereit, höhere Gehälter für neues Personal zu zahlen. Das höchste Maß an Zufriedenheit erreichen flexible Arbeitszeitmodelle. Auch die Betriebsrente erweist sich im Mittelstand als effektives Bindungsinstrument.

Fast neun von zehn Betrieben setzen bei der Mitarbeiterbindung auf bAV
(genutzte Instrumente des eigenen Unternehmens zur langfristigen Mitarbeiterbindung; in % aller befragten bAV-Verantwortlichen[1)])

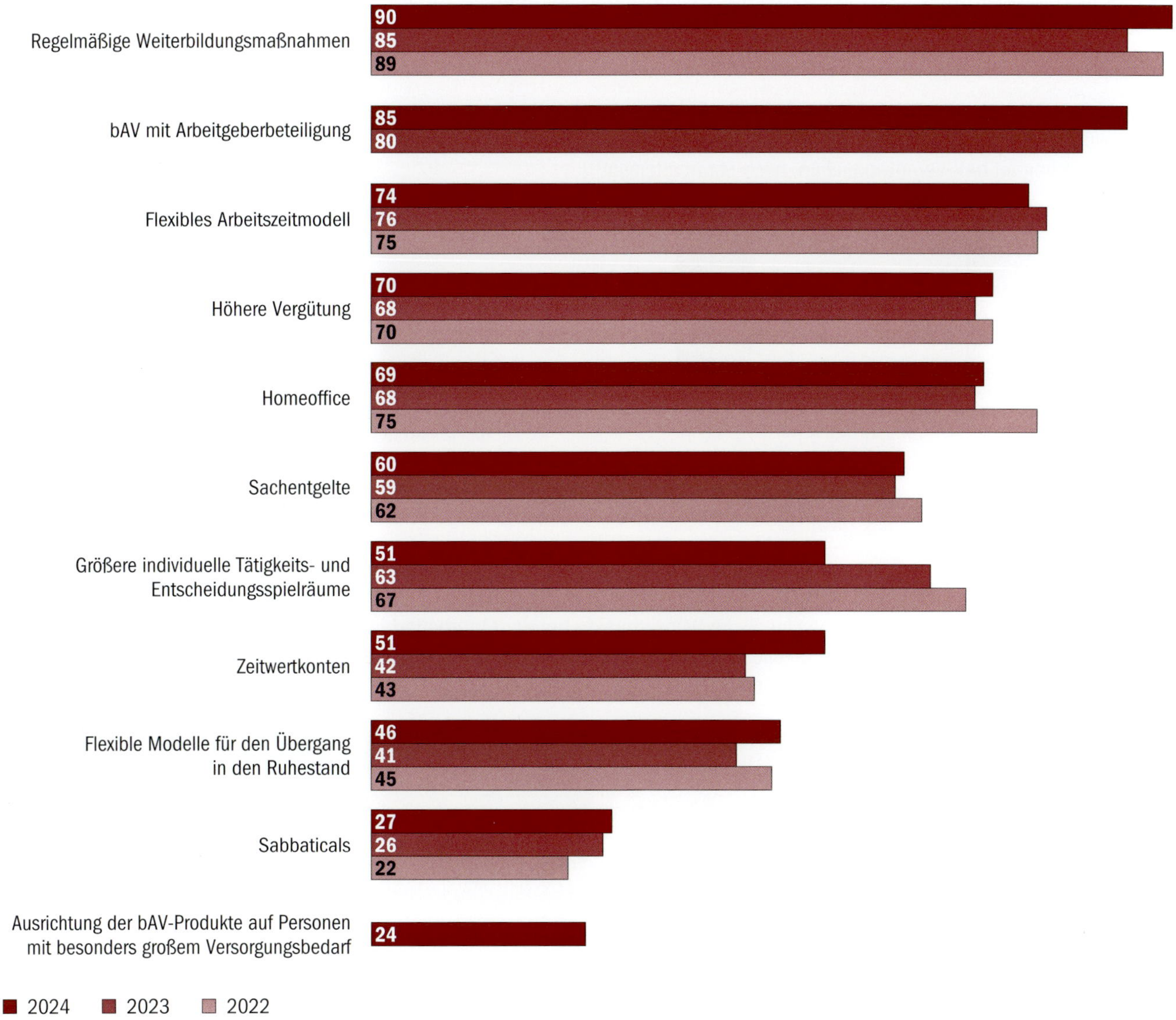

1) Mehrfachnennungen möglich.

Quelle: Generali Deutschland, F.A.Z. BUSINESS MEDIA.

Die personelle Situation im Mittelstand bleibt angespannt. Viele Arbeitgeber suchen händeringend Nachwuchs- und Fachkräfte. Gleichzeitig sind die Personalverantwortlichen in den Unternehmen darum bemüht, ihren Mitarbeiterbestand zu halten. Deshalb spielen HR-Instrumente für die Bindung und Gewinnung von Arbeitskräften im Mittelstand weiterhin eine zentrale strategische Rolle. Insgesamt erhalten die abgefragten HR-Instrumente in diesem Jahr tendenziell höhere Ergebnisse als noch 2023.

An erster Stelle der Instrumente, die Arbeitgeber nutzen, um Beschäftigte langfristig zu binden, steht die Weiterbildung (siehe Grafik S. 19). Der Evergreen der HR-Tools fand sich auch bei früheren Befragungen an erster Stelle wieder. Der Anteil der Betriebe hat sich aktuell gegenüber dem Vorjahr von 85 auf 90 Prozent erhöht. Weiterbildung ist in Betrieben aller Größen und aller Branchengruppen nahezu gleich stark verbreitet.

bAV mit Arbeitgeberbeteiligung gewinnt als HR-Instrument an Relevanz

An zweiter Stelle der HR-Instrumente findet sich die bAV mit einer finanziellen Arbeitgeberbeteiligung (80 Prozent). Auch hier hat sich der Wert gegenüber dem Vorjahr verbessert – von 80 auf 85 Prozent. Solche Betriebsrentenmodelle sind in allen Größen und Branchengruppen stark vertreten, tendenziell öfter in größeren Betrieben und in Dienstleistungsunternehmen (jeweils 89 Prozent). In den Gesamtergebnissen schließen sich flexible Arbeitszeitmodelle (74 Prozent), höhere Vergütung (70 Prozent), Homeoffice (69 Prozent) und Sachentgelte (60 Prozent) an. Dahinter folgen größere individuelle Tätigkeits- und Entscheidungsspielräume sowie Zeitwertkonten (jeweils 51 Prozent). Fast jedes zweite Unternehmen nutzt flexible Modelle für den Übergang in den Ruhestand (46 Prozent). Sabbaticals setzt gut jeder vierte Betrieb ein (27 Prozent).

bAV wirkt als HR-Instrument in Betrieben jeder Größe
(ausgewählte genutzte Instrumente des eigenen Unternehmens zur langfristigen Mitarbeiterbindung; in % aller befragten bAV-Verantwortlichen, nach Mitarbeiterzahl[1])

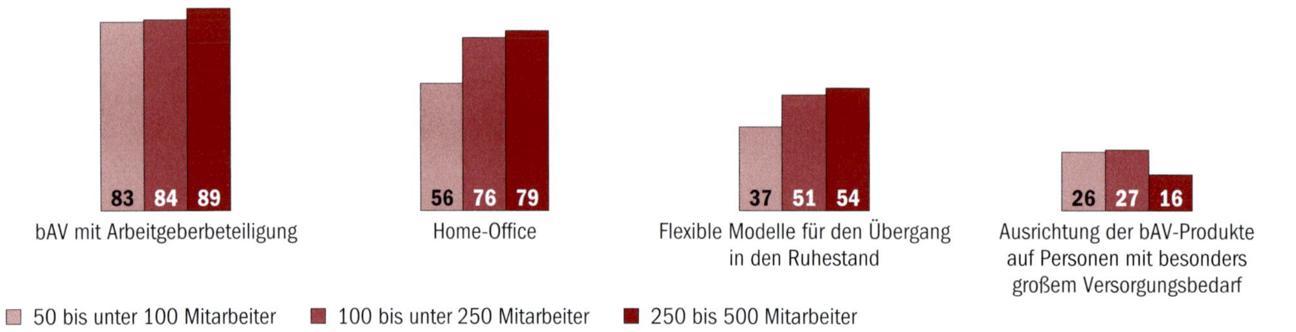

1) Mehrfachnennungen möglich.

Quelle: Generali Deutschland, F.A.Z. BUSINESS MEDIA.

Industrie und Dienstleister setzen unterschiedliche Schwerpunkte bei der Mitarbeiterbindung
(ausgewählte genutzte Instrumente des eigenen Unternehmens zur langfristigen Mitarbeiterbindung; in % aller befragten bAV-Verantwortlichen, nach Branche[1])

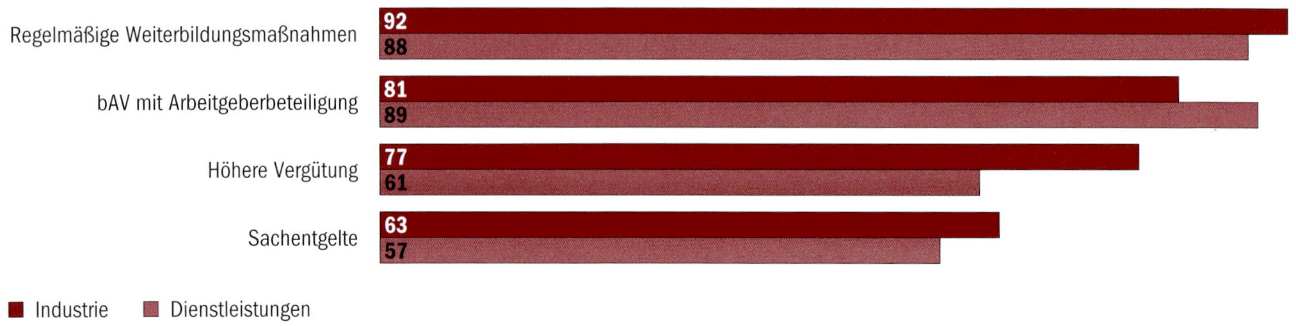

1) Mehrfachnennungen möglich.

Quelle: Generali Deutschland, F.A.Z. BUSINESS MEDIA.

In diesem Zusammenhang wird erstmals gefragt, ob die bAV-Entscheider auch bAV-Produkte, die auf Personen mit besonders großem Vorsorgebedarf ausgerichtet sind – Geringverdiener, Teilzeitkräfte, Berufsanfänger –, anbieten. 24 Prozent der bAV-Experten bejahen diese Frage. Dabei fallen die Anteile der kleineren (26 Prozent) und mittleren Betriebe (27 Prozent) höher aus als der Anteil der größeren Unternehmen (16 Prozent). Im Mittelstand besteht also Potential, um Arbeitskräfte durch bAV-Produkte auf Personen mit einem besonders großen Vorsorgebedarf zu gewinnen oder zu halten.

Die Detailanalyse zeigt, dass mittlere (6,9) und größere Betriebe (6,7) im Durchschnitt die meisten HR-Bindungsinstrumente einsetzen. Doch auch kleinere Betriebe zeigen sich in dieser Hinsicht mit sechs genutzten Instrumenten im Durchschnitt aktiv. Die Untergruppen nach Mitarbeiterzahl setzen individuelle Schwerpunkte. So locken 79 Prozent der größeren Firmen mit Homeoffice, aber nur 56 Prozent der kleinere Betriebe. Ebenso bieten 54 Prozent der größeren Betriebe flexible Modelle für den Übergang in den Ruhestand an, jedoch lediglich 37 Prozent der kleineren

77 Prozent der Betriebe sind mit Bindungswirkung der bAV zufrieden
(Zufriedenheit mit den Ergebnissen der eingesetzten Instrumente zur Mitarbeiterbindung; in % der befragten bAV-Verantwortlichen, die die jeweiligen Instrumente im Unternehmen einsetzen)

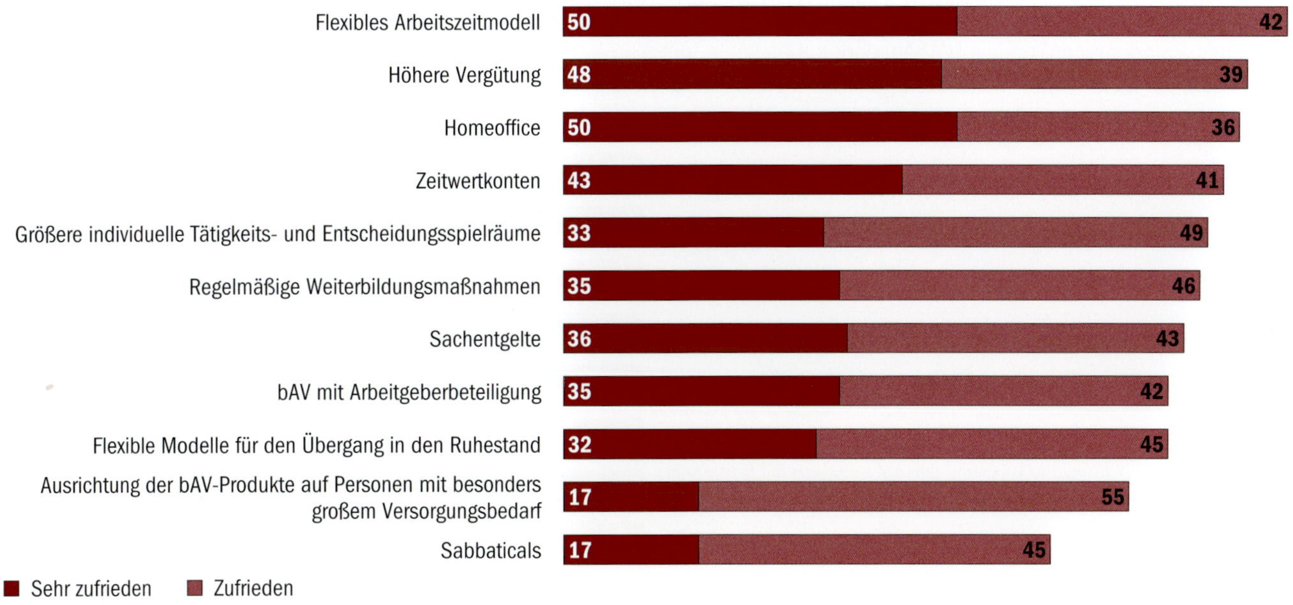

Quelle: Generali Deutschland, F.A.Z. BUSINESS MEDIA.

In mittelgroßen Betrieben ist die Zufriedenheit mit der Bindungskraft der bAV am größten
(sehr große Zufriedenheit bzw. Zufriedenheit mit den Ergebnissen ausgewählter Instrumente zur Mitarbeiterbindung; in % der befragten bAV-Verantwortlichen, die die jeweiligen Instrumente im Unternehmen einsetzen, nach Mitarbeiterzahl)

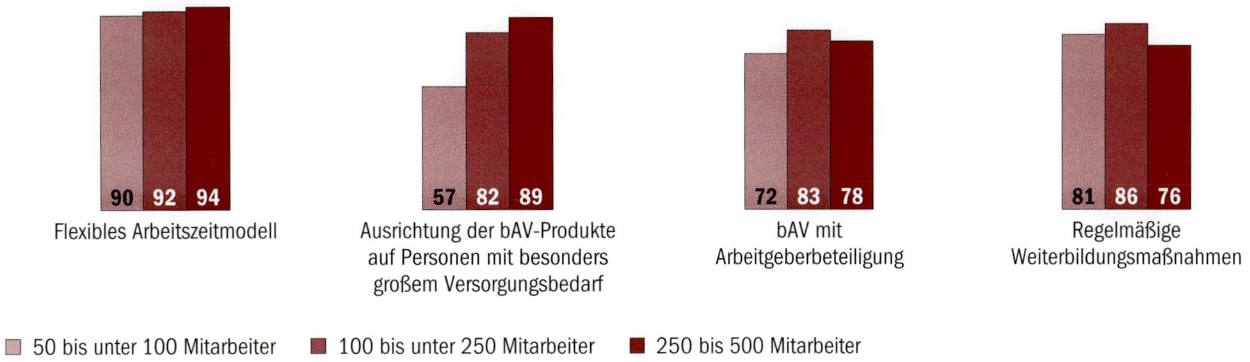

Quelle: Generali Deutschland, F.A.Z. BUSINESS MEDIA.

Betriebe. Dafür liegen kleinere Betriebe mit mittleren und größeren Unternehmen bei höheren Vergütungen mit jeweils rund 70 Prozent gleich auf. Auch der Einsatz von Zeitwertkonten ist kleineren Betrieben mit 52 Prozent besonders wichtig. Der Vergleichswert für größere Betriebe beträgt dort 46 Prozent. Auch die Ergebnisse der Branchengruppen weisen kein einheitliches Bild auf. Dienstleistungs- und Industriebetriebe nutzen Bindungsinstrumente unterschiedlich intensiv. Insgesamt setzen Industrieunternehmen mit 6,5 im Durchschnitt tendenziell mehr HR-Instrumente ein als Dienstleistungsbetriebe (6,4). Beispielsweise ist die Industrie eher bereit, höhere Vergütungen zu zahlen, als Dienstleistungsbetriebe (77 vs. 61 Prozent).

Rund acht von zehn Betrieben zeigen sich mit der bAV zufrieden

Die hohe Zufriedenheit der Betriebe mit den HR-Instrumenten belegt deren starke bindende Wirkung auf die Beschäftigten. Am zufriedensten zeigen sich die bAV-Experten mit flexiblen Arbeitszeitmodellen (92 Prozent sehr zufrieden bzw. zufrieden, siehe Grafik S. 21 oben). Davon sind allein 50 Prozent sehr zufrieden. An zweiter Stelle folgt die höhere Vergütung (87 Prozent). Offensichtlich wirken diese HR-Maßnahmen gerade angesichts der hohen Inflation in den vergangenen Jahren gut. Auch Homeoffice erweist sich als sehr erfolgreich (86 Prozent). Dahinter folgen Zeitwertkonten (84 Prozent), größere

Hinterbliebenenabsicherung ist die wirkungsvollste Zusatzkomponente in bAV-Angeboten
(Leistungskomponenten, die ein bAV-Angebot haben sollte, um als Bindungsinstrument bei den eigenen Beschäftigten besonders gut zu wirken; in % der befragten bAV-Verantwortlichen, deren Unternehmen eine bAV mit finanzieller Arbeitgeberbeteiligung zur Mitarbeiterbindung einsetzt[1])

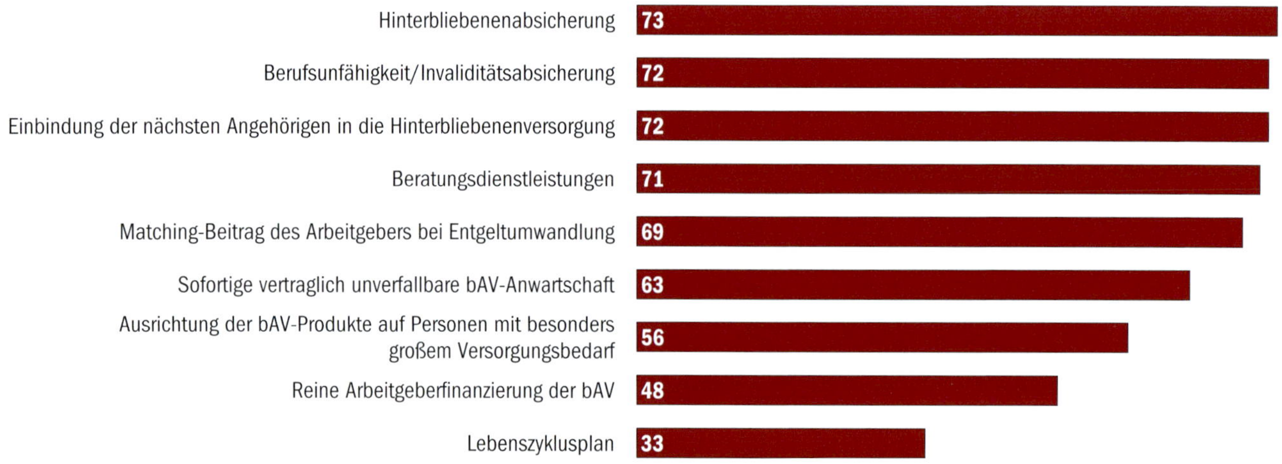

1) Mehrfachnennungen möglich.

Quelle: Generali Deutschland, F.A.Z. BUSINESS MEDIA.

Kleinere und mittlere Betriebe befürworten mehrheitlich Ausrichtung der bAV-Produkte auf Personen mit besonders großem Versorgungsbedarf (ausgewählte Leistungskomponenten, die ein bAV-Angebot haben sollte, um als Bindungsinstrument bei den eigenen Beschäftigten besonders gut zu wirken; in % der befragten bAV-Verantwortlichen, deren Unternehmen eine bAV mit finanzieller Arbeitgeberbeteiligung zur Mitarbeiterbindung einsetzt, nach Mitarbeiteranzahl[1])

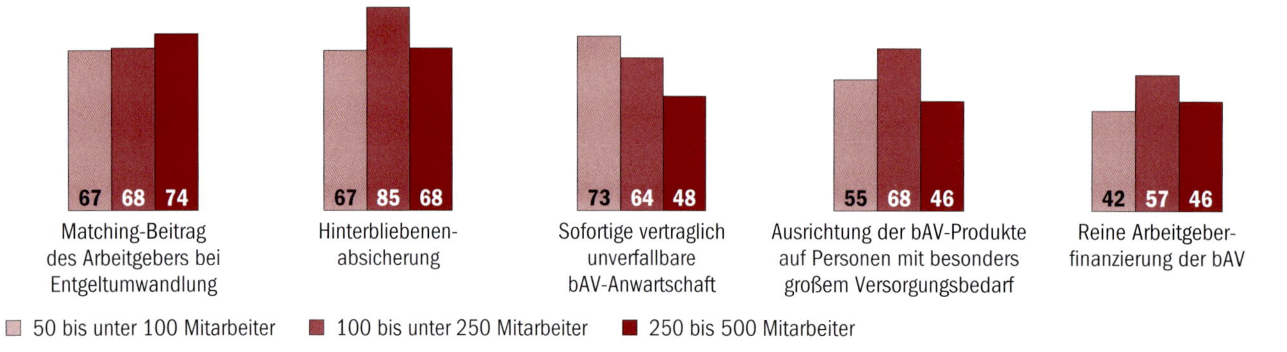

1) Mehrfachnennungen möglich.

Quelle: Generali Deutschland, F.A.Z. BUSINESS MEDIA.

individuelle Tätigkeits- und Entscheidungsspielräume (82 Prozent), Weiterbildung (81 Prozent), Sachentgelte (79 Prozent), bAV mit Arbeitgeberbeteiligung und flexible Modelle für den Übergang in den Ruhestand (jeweils 77 Prozent). Auf bAV-Produkte, die auf Personen mit besonders großem Versorgungsbedarf ausgerichtet sind, entfallen 72 Prozent, auf Sabbaticals 62 Prozent. Dabei stellt die Ausrichtung der bAV-Produkte auf Personen mit größerem Versorgungsbedarf 17 Prozent der Betriebe sehr zufrieden und 55 Prozent zufrieden. Die bAV mit Arbeitgeberbeteiligung erfährt in kleineren und größeren Betrieben eine hohe Zufriedenheit (jeweils rund 80 Prozent). Zudem äußern sich Dienstleister deutlich positiver als die Industrieunternehmen über die bAV (84 versus 70 Prozent). Auch flexible Arbeitszeitmodelle und Weiterbildungsmaßnahmen weisen in der Detailanalyse nach Mitarbeiterzahlen ähnlich hohe Zufriedenheitswerte auf. Bei den Weiterbildungsmaßnahmen zeigen sich die Dienstleistungsbetriebe zufriedener als die Industrie (86 Prozent versus 77 Prozent).

Hinterbliebenenabsicherung und BU stärken bAV

Damit bAV-Angebote noch attraktiver für die Beschäftigten werden, lassen sie sich um Zusatzleistungen ergänzen. Auf die Frage, welche Komponenten ein bAV-Angebot haben soll, um als Bindungsinstrument zu wirken, nennen 73 Prozent der bAV-Experten eine Hinterbliebenenabsicherung, jeweils 72 Prozent eine Berufsunfähigkeits- bzw. Invaliditätsabsicherung sowie die Einbindung von Angehörigen in die Hinterbliebenenversorgung. Vor allem mittlere Betriebe nennen die Hinterbliebenenabsicherung besonders häufig (85 Prozent).

Auch auf Beratungsdienstleistungen entfällt mit 71 Prozent eine hohe Wertung. 69 Prozent der bAV-Experten sehen in einem Matching-Beitrag des Arbeitgebers bei Entgeltumwandlung ein wichtiges Merkmal, das ein bAV-Angebot für Beschäftigte besonders attraktiv macht. Weitere 63 Prozent nennen eine sofortige vertraglich unverfallbare bAV-Anwartschaft. Auf den nächs-

Industrie unterstützt mehr Leistungskomponenten als Dienstleistungsbetriebe
(ausgewählte Leistungskomponenten, die ein bAV-Angebot haben sollte, um als Bindungsinstrument bei den eigenen Beschäftigten besonders gut zu wirken; in % der befragten bAV-Verantwortlichen, deren Unternehmen eine bAV mit finanzieller Arbeitgeberbeteiligung zur Mitarbeiterbindung einsetzt, nach Branche[1])

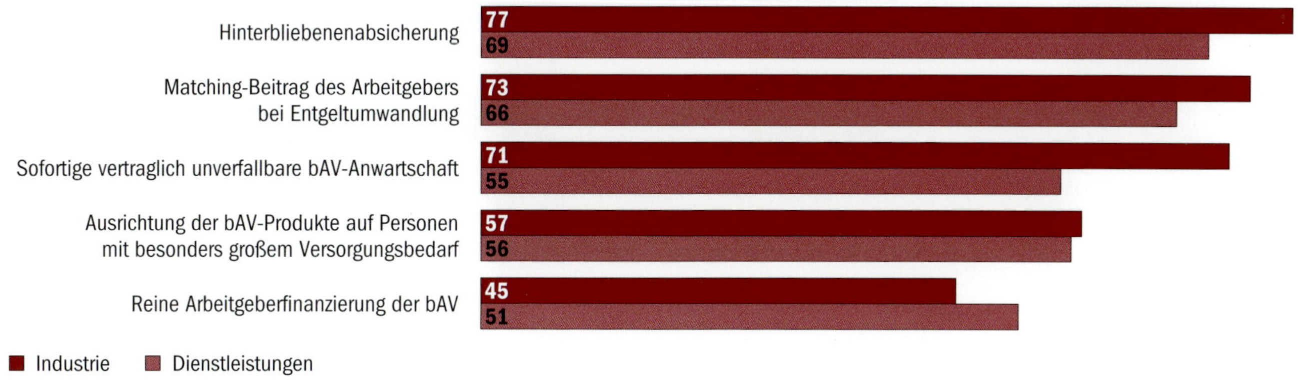

1) Mehrfachnennungen möglich.

Quelle: Generali Deutschland, F.A.Z. BUSINESS MEDIA.

Betriebe sprechen sich für Auszahlungsoptionen und Beitragsrückerstattungen im Rahmen der Hinterbliebenenversorgung aus
(befürwortete Ausstattung einer Hinterbliebenenversorgung im Rahmen einer bAV, um als Bindungsinstrument für Beschäftigte attraktiv zu sein; in % aller befragten bAV-Verantwortlichen[1])

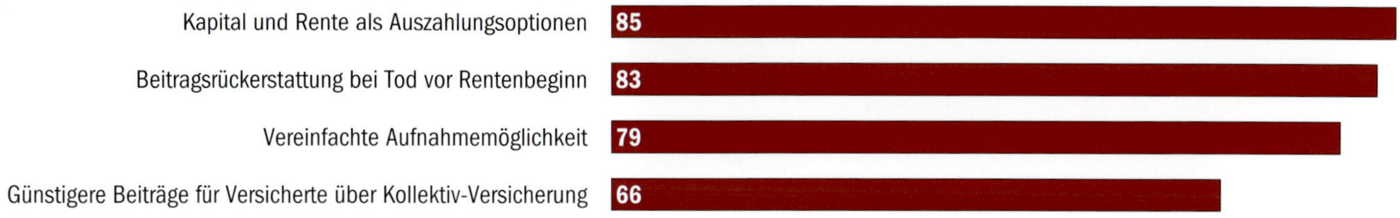

1) Mehrfachnennungen möglich.

Quelle: Generali Deutschland, F.A.Z. BUSINESS MEDIA.

ten Plätzen folgen die Ausrichtung der bAV-Produkte auf Personen mit besonders großem Versorgungsbedarf (56 Prozent), eine reine Arbeitgeberfinanzierung der bAV (48 Prozent) und ein Lebenszyklusplan (33 Prozent). Vor allem größere Betriebe erachten einen Matching-Beitrag des Arbeitgebers bei der Entgeltumwandlung für sinnvoll (74 Prozent). Umgekehrt heben 73 Prozent der kleineren Betriebe die sofortige vertraglich unverfallbare bAV-Anwartschaft hervor. Im Hinblick auf die Ausrichtung der bAV-Produkte auf Personen mit besonders großem Versorgungsbedarf ist die Haltung verschieden. Während 68 Prozent der mittleren Betriebe diesen Aspekt für eine relevante Ergänzung eines bAV-Angebots zur Mitarbeiterbindung erachten, teilen nur 46 Prozent der größeren Unternehmen diesen Standpunkt.

Um als Bindungsinstrument für Beschäftigte attraktiv zu sein, sollte die Hinterbliebenenversorgung im Rahmen einer bAV nach Ansicht der befragten bAV-Experten mit bestimmten Leistungsmerkmalen ausgestattet sein. Dazu zählen zuerst Kapital und Rente als Auszahlungsoptionen (85 Prozent), Beitragsrückerstattung bei Tod vor Rentenbeginn (83 Prozent), vereinfachte Aufnahmemöglichkeiten (79 Prozent) und günstigere Beiträge für Versicherte über Kollektivversicherung (66 Prozent, siehe Grafik S. 23 unten). Die drei ersten Komponentenmerkmale erhalten sehr hohe Werte, gelten für Produkte der Hinterbliebenenversorgung also als Standard. Immerhin zwei Drittel der bAV-Experten würden eine Hinterbliebenenversorgung als Kollektivversicherung zu vergünstigten Versicherungsbeiträgen begrüßen. Zwischen den Betrieben, differenziert nach Anzahl der Beschäftigten, herrscht weitgehende Einigkeit über die Leistungsmerkmale für eine Hinterbliebenenversorgung. Bei nahezu allen Merkmalen liegen die verschiedenen Teilgruppen eng beieinander. Hingegen vergibt die Industrie für alle Ausstattungsmerkmale höhere Nennungen als die Dienstleister.

Kapital und Rente als Auszahlungsoptionen finden die Zustimmung größerer und kleinerer Betriebe
(befürwortete Ausstattung einer Hinterbliebenenversorgung im Rahmen einer bAV, um als Bindungsinstrument für Beschäftigte attraktiv zu sein; in % aller befragten bAV-Verantwortlichen, nach Mitarbeiteranzahl[1])

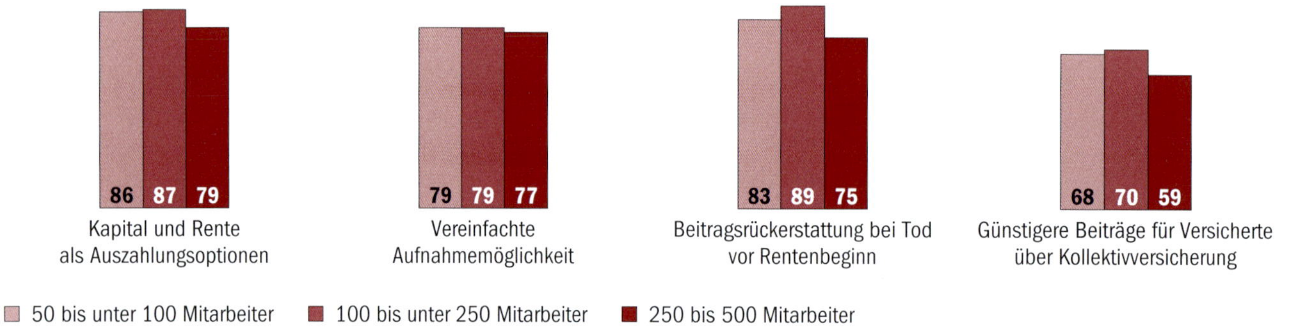

1) Mehrfachnennungen möglich.

Quelle: Generali Deutschland, F.A.Z. BUSINESS MEDIA.

Industrie und Dienstleister befürworten mehr Auszahlungsoptionen bei Hinterbliebenenversorgung
(befürwortete Ausstattung einer Hinterbliebenenversorgung im Rahmen einer bAV, um als Bindungsinstrument für Beschäftigte attraktiv zu sein; in % aller befragten bAV-Verantwortlichen, nach Branche[1])

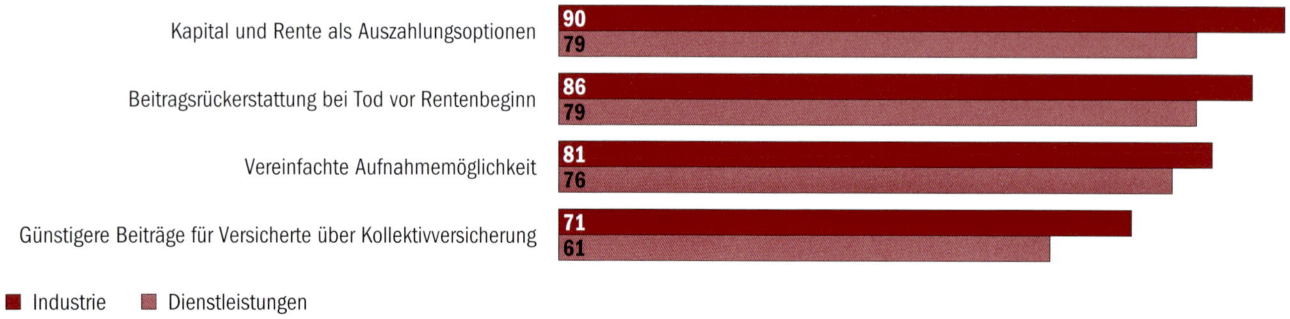

1) Mehrfachnennungen möglich.

Quelle: Generali Deutschland, F.A.Z. BUSINESS MEDIA.

BEFRAGUNGSERGEBNISSE: ANBIETER

Mittelstand setzt in der bAV auf Versicherer

82 Prozent der Betriebe kooperieren mit der Versicherungswirtschaft. Auch Versicherungsmakler haben sich gut etabliert. Pensionskassen gewinnen tendenziell dazu. Die Betriebe entscheiden die Wahl ihrer bAV-Dienstleister vor allem nach der Qualität von Kooperation, Services und Produkten. Transparente Leistungen, fester Ansprechpartner und administrative Abwicklung sind gefragt.

82 Prozent der befragten Betriebe kooperieren in der bAV mit Versicherungsunternehmen. Damit unterstreicht die Befragung die führende Stellung der Versicherungsunternehmen als bAV-Partner des Mittelstands. Auch in der Einzelauswertung nach Anzahl der Beschäftigten hat die Versicherungsbranche in allen Untergruppen deutlich die Nase vorn. In allen Segmenten geben 79 bis 84 Prozent der befragten bAV-Experten jeweils an, mit einer Versicherung zu kooperieren.

Fast jeder zweite mittelständische Betrieb kooperiert mit Versicherungsmaklern (41 Prozent). Im Detail sind das vor allem kleinere (44 Prozent) und größere Betriebe (46 Prozent). Der Anteil mittlerer Betriebe, die mit Versicherungsmaklern zusammenarbeiten, fällt geringer aus (30 Prozent). An dritter Stelle folgen Pensionskassen als Kooperationspartner mit verbesserten 37 Prozent. Nachdem sich die älteren Werte für Pensionskassen in dieser Studienreihe von Jahr zu Jahr verschlechtert haben, steigen sie aktuell erstmals wieder an (+5 Prozentpunkte gegenüber 2023).

Auf den weiteren Plätzen folgen branchen- bzw. tarifvertragliche Versorgungswerke (18 Prozent), Kreditinstitute (14 Prozent), Beratungsgesellschaften (7 Prozent), sonstige Finanzdienstleister (6 Prozent), Versorgungswerke anderer Unternehmen (5 Prozent) und IT-Dienstleister (1 Prozent). Insgesamt verzeichnen die meisten dieser Kooperationspartner tendenziell höhere Werte als im Vorjahr. Teilweise kooperieren größere Betriebe mit mehr bAV-Anbietern als kleinere und mittlere Betriebe. Am deutlichsten zeigt sich das bei den branchen- bzw. tarifvertraglichen Versorgungswerken (29 Prozent versus 10 Prozent der kleineren und 19 Prozent der mittleren Betriebe). Im Weiteren arbeiten mehr Industrieunternehmen als Dienstleister mit Versicherungen (86 Prozent vs. 77 Prozent) und Versicherungsmaklern zusammen (46 Prozent versus 35 Prozent).

Versicherungen prägen die bAV im Mittelstand
(Kooperationen mit bAV-Anbietern und Dienstleistern; in % der befragten bAV-Verantwortlichen[1)])

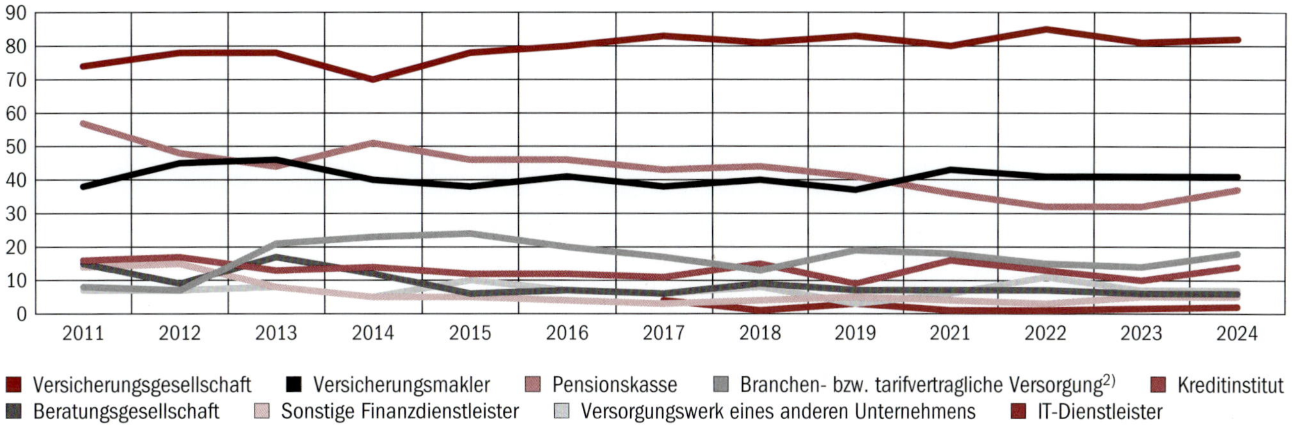

1) Mehrfachnennungen möglich.
2) In den Jahren 2011 und 2012: Berufsgenossenschaft bzw. Gewerkschaft.

Quelle: Generali Deutschland, F.A.Z. BUSINESS MEDIA.

bAV-Provider müssen Qualität in Kooperationen, Services und Produkten bieten

Eine langjährige traditionelle Kooperation (55 Prozent), überzeugende Produkte (52 Prozent) und Services (51 Prozent) sind für die meisten Betriebe ausschlaggebend bei der Wahl ihrer bAV-Anbieter und -Dienstleister. Doch so ähnlich diese Gesamtergebnisse ausfallen, so unterschiedlich sind auch die Einzelresultate für separate Gruppen. So betonen fast zwei Drittel der mittleren Betriebe, für sie sei eine langjährige traditionelle Kooperation ein wichtiges Auswahlkriterium (63 Prozent). Hingegen stimmt dem nur gut jeder zweite größere Betrieb zu (54 Prozent). Der Anteil der kleineren Betriebe beträgt 49 Prozent. Die übrigen Entscheidungskriterien sind für die Auswahl der Dienstleister nebensächlich. Für 13 Prozent ist die Bereitstellung digitaler Schnittstellen und Prozesse ein wichtiges Auswahlkriterium. Jeweils 11 Prozent der bAV-Experten verweisen auf Empfehlungen anderer Unternehmen und auf obligatorische Angebote von Branchen-, Berufs- bzw. Wirtschaftsverbänden. 10 Prozent geben frei-

Fast jeder zweite kleinere Betrieb arbeitet mit Versicherungsmaklern zusammen
(ausgewählte aktuelle Kooperationen mit bAV-Anbietern und Dienstleistern; in % der befragten bAV-Verantwortlichen, nach Mitarbeiteranzahl[1])

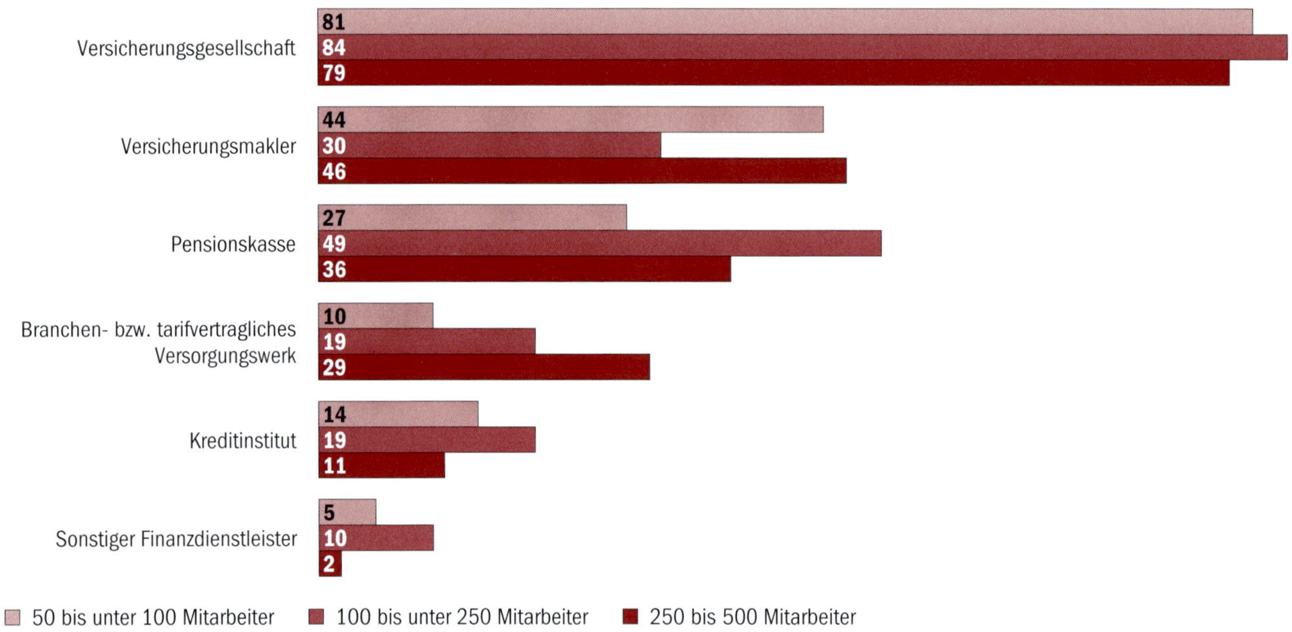

1) Mehrfachnennungen möglich.

Quelle: Generali Deutschland, F.A.Z. BUSINESS MEDIA.

Industrie setzt häufiger als Dienstleister auf Versicherungen und Makler
(ausgewählte aktuelle Kooperationen mit bAV-Anbietern und Dienstleistern; in % der befragten bAV-Verantwortlichen, nach Branche[1])

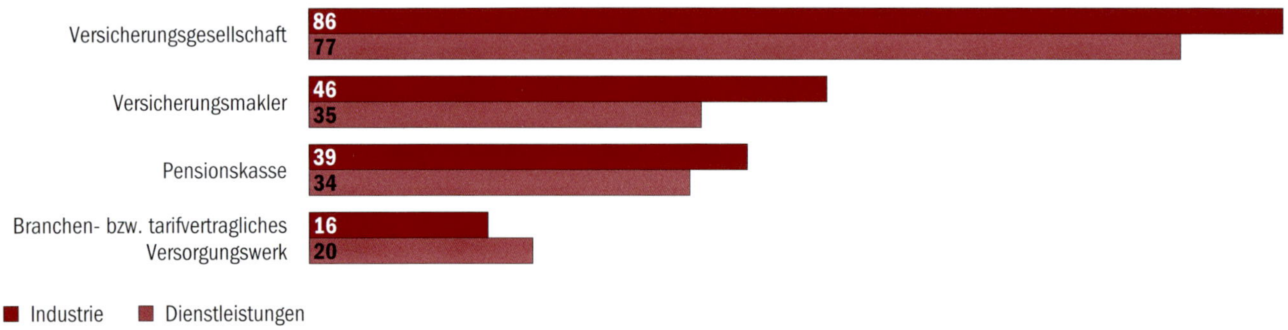

1) Mehrfachnennungen möglich.

Quelle: Generali Deutschland, F.A.Z. BUSINESS MEDIA.

willige Angebote von Berufs- und Wirtschaftsverbänden bzw. Tarifparteien an. 9 Prozent der Betriebe verfügen bereits über ein eigenes Versorgungswerk. Die Detailanalyse zeigt, dass den mittleren Betrieben langjährige Kooperationen tendenziell am wichtigsten sind (63 Prozent). Bei überzeugenden Produkten liegen die Gruppen nach Mitarbeiterzahl tendenziell gleich auf. Hingegen nennen vor allen kleinere Unternehmen einen überzeugenden Service als relevantes Kriterium (64 Prozent).

Einfache Verwaltung ist gewünscht

Auf die Frage nach relevanten bAV-Produkteigenschaften antworten 95 Prozent der bAV-Entscheider, eine einfache Verwaltung sei sehr wichtig bzw. wichtig (siehe Grafik S. 28 oben). Allein 79 Prozent von ihnen halten das Kriterium für sehr relevant. Weitere 92 Prozent unterstreichen die Bedeutung einer hohen Rendite (davon 56 Prozent sehr wichtig). 92 Prozent nennen

Langjährige Kooperation, überzeugende Produkte und Services geben für die meisten Betriebe den Ausschlag über Anbieter und Dienstleister (ausschlaggebende Gründe für die Wahl der aktuellen bAV-Anbieter bzw. -Dienstleister; in % der befragten bAV-Verantwortlichen[1)])

1) Mehrfachnennungen möglich.

Quelle: Generali Deutschland, F.A.Z. BUSINESS MEDIA.

Für knapp zwei Drittel der kleineren Betriebe ist der Service das entscheidende Kriterium für die Wahl des bAV-Anbieters (ausgewählte ausschlaggebende Gründe für die Wahl der aktuellen bAV-Anbieter bzw. -Dienstleister; in % der befragten bAV-Verantwortlichen, nach Mitarbeiteranzahl[1)])

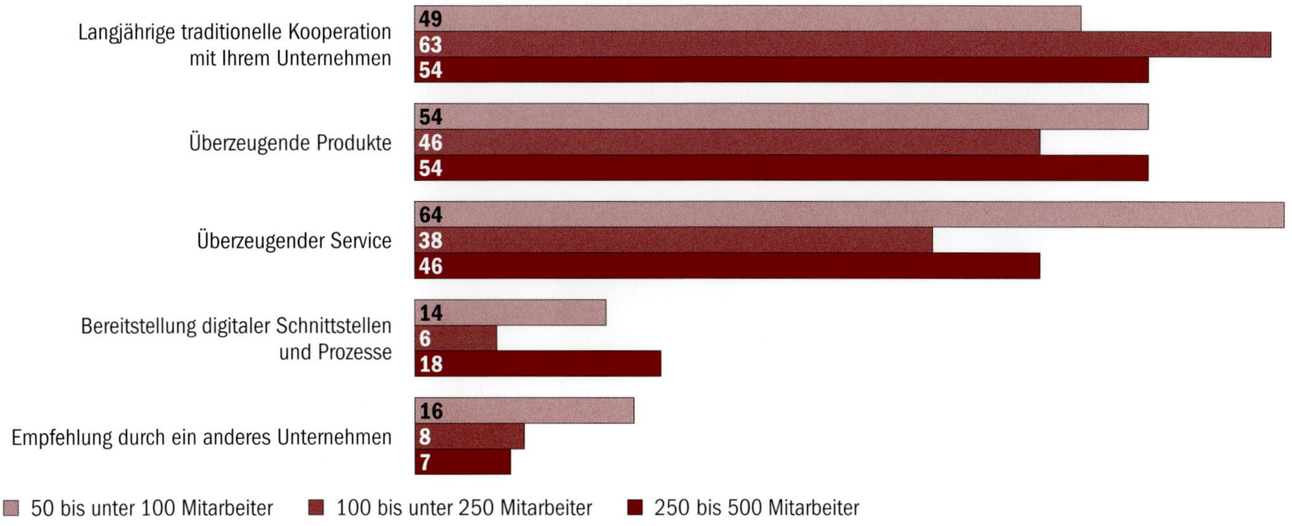

1) Mehrfachnennungen möglich.

Quelle: Generali Deutschland, F.A.Z. BUSINESS MEDIA.

eine hohe Sicherheit der Kapitalanlage, 83 Prozent mehrere Auszahlungsoptionen. Ein flexibler Übergang in die Rentenphase ist 82 Prozent der Befragten sehr wichtig bzw. wichtig. Auch ein variables Beitragsmodell (79 Prozent) ist für die bAV-Experten relevant. 77 Prozent von ihnen sehen in der Ausrichtung der bAV-Produkte auf Personen mit besonders großem Versorgungsbedarf ebenfalls ein relevantes Auswahlkriterium. Für 68 Prozent ist die schadenabhängige Beitragshöhe bei der Absicherung gegen Berufsunfähigkeit oder Tod ein relevantes Auswahlkriterium. Am Ende stehen hybride Produkte mit 45 Prozent der Befragten. Dabei geht es um eine gemischte Investition in unterschiedliche Anlageformen, die Betriebe bestimmen die Kapitalanlage mit.

Die Detailanalyse nach Anzahl der Mitarbeiter belegt, dass kleinere, mittlere und größere Betriebe ähnliche Schwerpunkte bei den Auswahlkriterien setzen. So erachten 87 Prozent der mittleren Betriebe einen flexiblen Übergang in die Rentenphase als sehr wichtig bzw. wichtig. Auf der Seite der größeren Betriebe sind es 84 Prozent, bei den kleineren Betrieben 75 Prozent.

Transparente Leistungen, fester Ansprechpartner und administrative Abwicklung sind gefragt

Hinsichtlich der Relevanz von Services des aktuellen bAV-Dienstleisters messen die Befragten dem Aspekt,

Mittelstand braucht vor allem Entlastung bei der bAV-Verwaltung
(Eigenschaften, die dem Unternehmen bei der Auswahl von bAV-Produkten wichtig sind; in % der befragten bAV-Verantwortlichen)

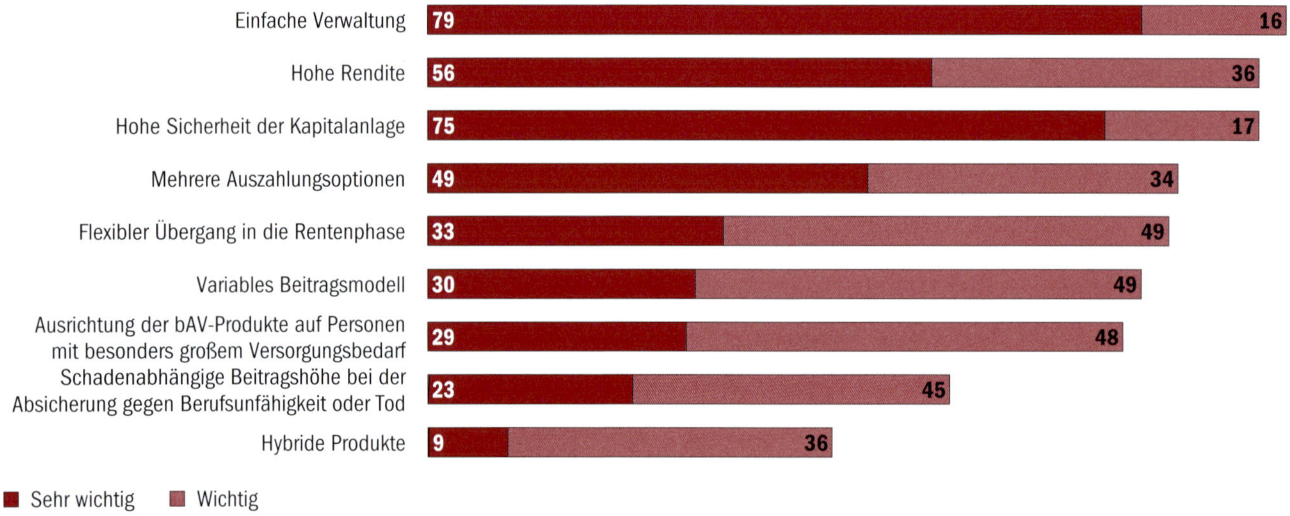

Quelle: Generali Deutschland, F.A.Z. BUSINESS MEDIA.

Mittleren und größeren Betrieben ist ein flexibler Übergang in die Rentenphase besonders wichtig
(sehr große bzw. große Relevanz der ausgewählten Eigenschaften, die dem Unternehmen bei der Auswahl von bAV-Produkten wichtig sind; in % der befragten bAV-Verantwortlichen, nach Mitarbeiteranzahl)

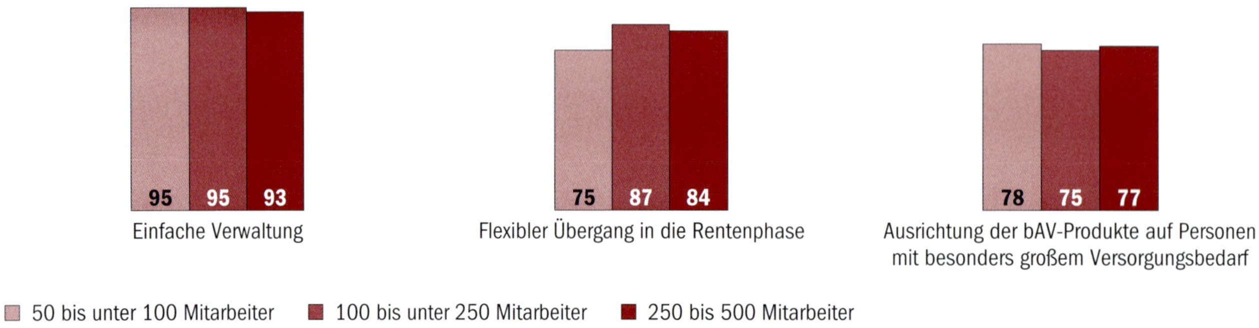

Quelle: Generali Deutschland, F.A.Z. BUSINESS MEDIA.

Leistungen des bAV-Anbieters seien transparent und lassen sich prüfen, die höchste Relevanz bei (94 Prozent). Fast ebenso wichtig ist den Betrieben ein fester Ansprechpartner für das eigene Unternehmen (91 Prozent). Davon sagen 68 Prozent, ein fester Ansprechpartner sei ihnen sehr wichtig. Die komplette administrative Abwicklung durch den Anbieter halten 87 Prozent für relevant. 85 Prozent messen einer individuellen Beratung jedes Arbeitnehmers Relevanz bei. Unter den weiteren Ergebnissen folgen digitale Schnittstellen für die bAV-Administration des Arbeitgebers (77 Prozent), digitale Schnittstellen für den Arbeitnehmer (76 Prozent), ein Online-Tool zur Abwicklung und Kontrolle der bAV (73 Prozent), Schulungen und Informationen durch bAV-Anbieter digital und analog im Unternehmen (68 Prozent) und flexible Arbeitszeitmodelle (60 Prozent).

Kleinere, mittlere und größere Betriebe halten Leistungstransparenz, feste Ansprechpartner und administrative Abwicklung jeweils in fast gleichem Maße für relevant.

Transparente Leistungen und fester Ansprechpartner sind die wichtigsten Services für den Mittelstand
(Services des aktuellen bAV-Anbieters, die den Befragten wichtig sind; in % der befragten bAV-Verantwortlichen)

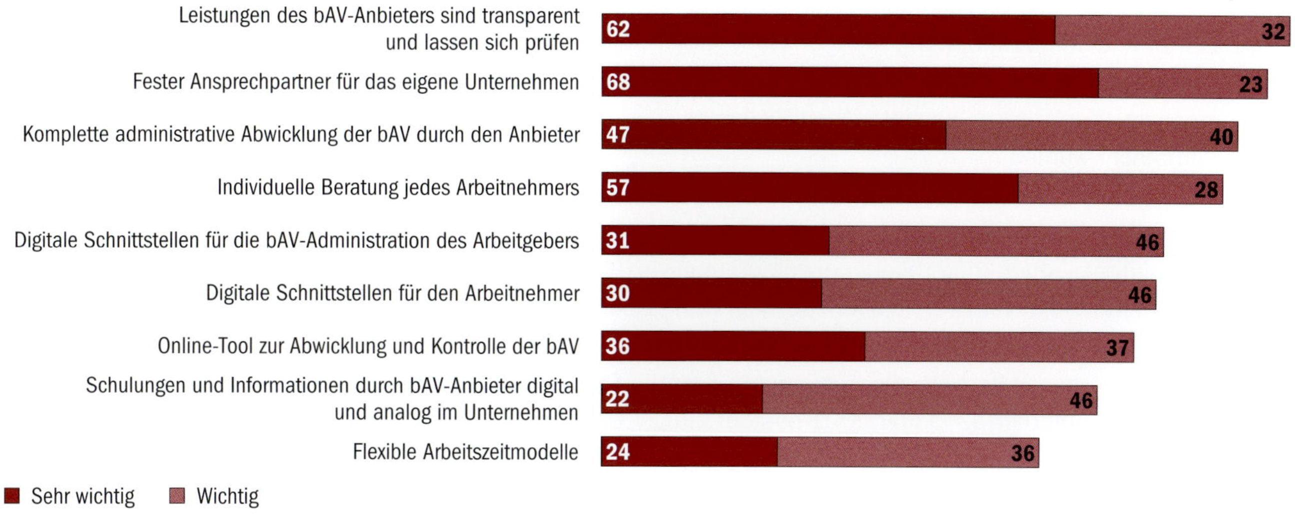

Quelle: Generali Deutschland, F.A.Z. BUSINESS MEDIA.

Kleinere Betriebe setzen auf transparente Leistungen, festen Ansprechpartner und administrative Entlastung
(sehr wichtige bzw. wichtige Services des aktuellen bAV-Anbieters, die den Befragten sehr wichtig bzw. wichtig sind; in % der befragten bAV-Verantwortlichen, nach Mitarbeiteranzahl)

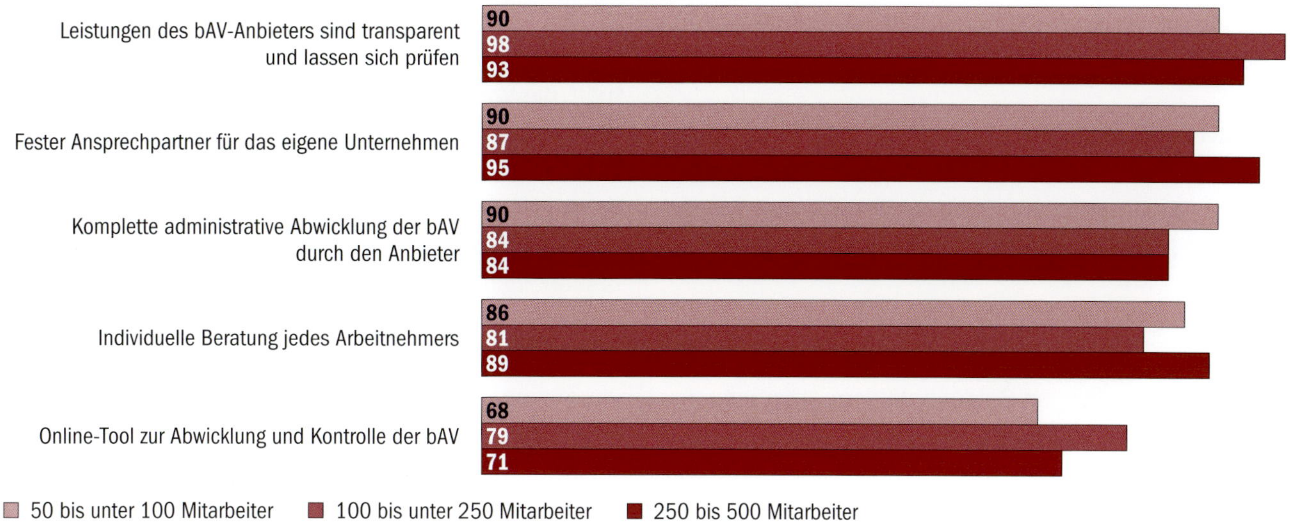

Quelle: Generali Deutschland, F.A.Z. BUSINESS MEDIA.

Glossar

Beitragsorientierte Leistungszusage (BOLZ): Bei dieser Zusageart der bAV verspricht der Arbeitgeber, einen festgelegten Beitragsaufwand in eine Anwartschaft auf Alters-, Invaliditäts- oder Hinterbliebenenversorgung umzuwandeln. Die Versorgungsleistung ergibt sich aus einer Umsetzung des Betrags, die in der Regel versicherungsmathematisch berechnet wird.

Beitragszusage mit Mindestleistung (BZML): Zusageart in der bAV für die Durchführungswege Pensionskasse, Direktversicherung und Pensionsfonds. Eine gesetzlich vorgeschriebene Mindestleistung wird in Höhe der (unverzinslich) eingezahlten Beiträge abzüglich der Beiträge zugesagt, die für einen biometrischen Risikoausgleich verbraucht wurden.

Betriebliche Altersversorgung (bAV): Leistungen der Alters-, Invaliditäts- oder Hinterbliebenenversorgung, die einem Arbeitnehmer vom Arbeitgeber zugesagt worden sind. Neben der Arbeitgeberfinanzierung gibt es die arbeitnehmerfinanzierte bAV, die sogenannte Entgeltumwandlung. Seit dem 1. Januar 2002 besteht ein Rechtsanspruch der Arbeitnehmer auf eine Entgeltumwandlung in Höhe von 4 Prozent der Beitragsbemessungsgrenze der gesetzlichen Rentenversicherung (2024: 3.624 Euro).

Betriebliche Riester-Rente: Riester-Rente als eine durch staatliche Zulagen und steuerliche Vergünstigungen geförderte Form der Altersvorsorge kennt verschiedene Sparformen, darunter auch Formen der betrieblichen Altersvorsorge.

Direktversicherung: Einer der fünf Durchführungswege der bAV. Der Arbeitgeber schließt als Versicherungsnehmer eine Versicherung auf das Leben des Arbeitnehmers (versicherte Person) ab.

Direktzusage/Pensionszusage: Zusage eines Unternehmens an den Arbeitnehmer, unter bestimmten Voraussetzungen aus eigenen Geldmitteln dem Arbeitnehmer bzw. seinen Hinterbliebenen unmittelbar Versorgungsleistungen zu gewähren.

Entgeltumwandlung: Umwandlung von Teilen des künftigen Entgelts in eine gleichwertige Anwartschaft auf Versorgungsleistungen.

Pensionsfonds: Rechtlich selbständige Versorgungseinrichtung, die über das Kapitaldeckungsverfahren betriebliche Versorgungsleistungen für Arbeitgeber zugunsten von Arbeitnehmern erbringt.

Pensionskasse: Rechtsfähige Versorgungseinrichtung. Sie wird von einem bzw. mehreren Unternehmen getragen und gewährt Arbeitnehmern bzw. ihren Hinterbliebenen Versorgungsleistungen.

Reine Beitragszusage: Zusageart des Sozialpartnermodells. Der Arbeitgeber legt monatlich Beiträge in bestimmter Höhe für die Betriebsrente der Beschäftigten zurück und hat keine weitere Haftung für die Höhe der Leistungen mehr.

Sabbatical: Befristete Auszeit von der Berufstätigkeit, die in der Regel zwischen drei und zwölf Monaten dauert.

Sozialpartnermodell (SPM): Initiative, die im Rahmen des Betriebsrentenstärkungsgesetzes (BRSG) 2018 in Kraft trat. Das SPM soll die bAV im Rahmen von Tarifverträgen besonders für KMU attraktiver machen und ihre Verbreitung erhöhen. Arbeitgeber haften nicht mehr für die Höhe der bAV.

Unterstützungskasse: Rechtlich selbständige Einrichtung, die Versorgungsleistungen erbringt. Träger ist ein bzw. sind mehrere Unternehmen.

Zeitwertkonto: Mit einem Zeitwertkonto – auch Lebensarbeitszeitkonto oder Wertguthabenkonto genannt – lassen sich längere Freistellungszeiten finanzieren, indem Beschäftigte Arbeitszeit oder Teile des Gehalts als Wertguthaben ansparen. Steuern und Sozialversicherungsbeiträge auf die angesparten Beträge fallen erst in der Leistungsphase an.